當你打開這卷書的時候，首先祈求聖靈的光照，叫你能得著真實屬靈的益處，是祝是禱，阿

時兆文化

在全世界上獨一得著基督最大關注和照顧的，就是祂的教會。

靈修 開卷有益集

何漢從 著

Devotional Reading Enriches The Mind

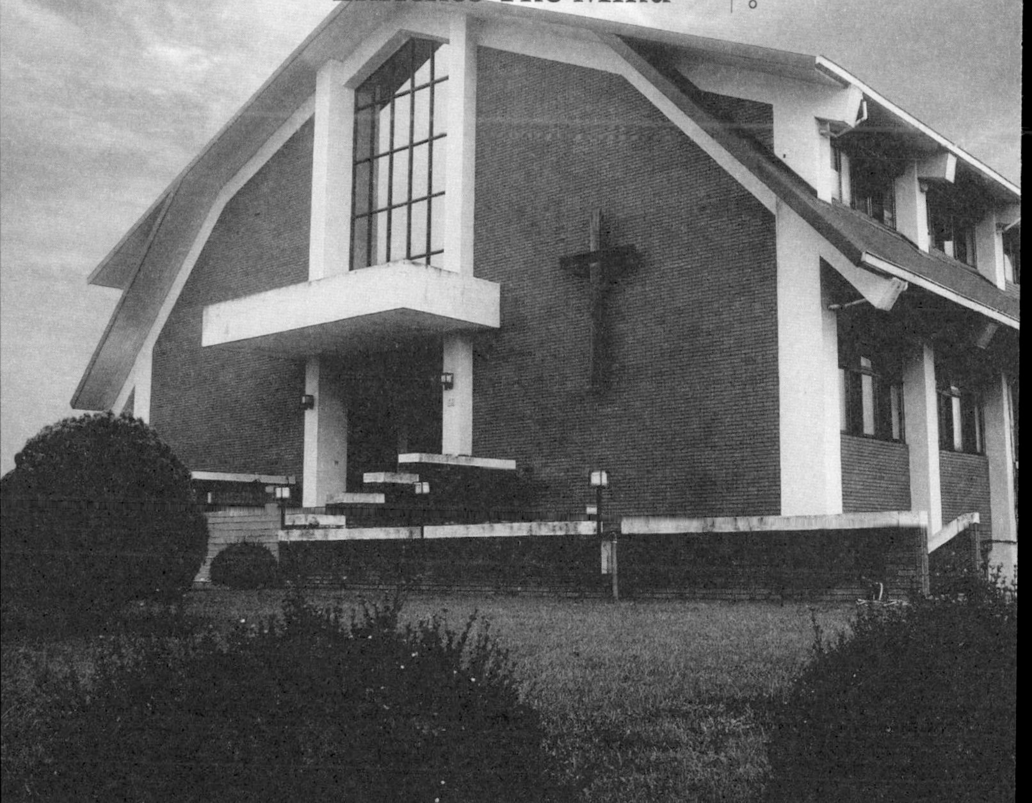

目錄 CONTENTS

目錄 CONTENTS

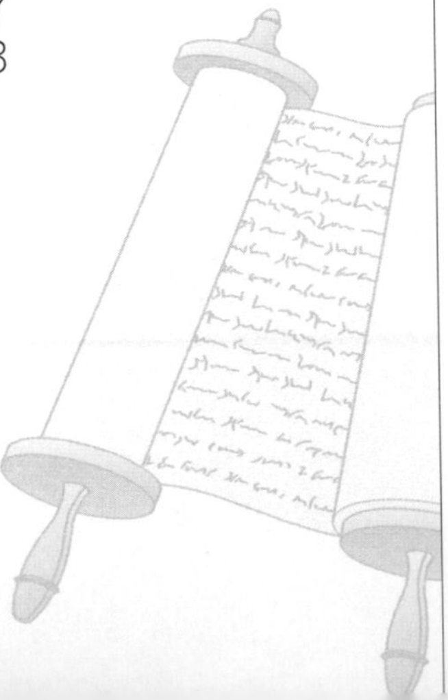

序言

這是一本為信徒靈修而出的書。這本書的內容是從幾本基督復臨安息日會出版（也有尚未出版）的靈修書籍參取而成。

編者畢生蒙主寵愛，擔任牧師和傳道的工作。我不是學者，更不是神學家，卻十分欽仰神學家的成就。在我的藏書中，有別些基督教派神學家的著作，最多的卻是基督復臨安息日會神學家的著作。這都是靈修（為我也是預備安息日證道）開卷有益的書籍。

辭海的「開卷有益」條說：打開書卷看看，總是有益處的。謹向打開《靈修開卷有益集》的讀者同道敬進一言，當你打開這卷書的時候，首先祈求聖靈的光照，叫你能得著真實屬靈的益處，是祝是禱，阿們！

我要感謝本書內容的幾位作者准許我取用他們的資料構成此書。我在每一卷書的引言把他們逐位介紹給讀者。我在這本書的工作，是編纂。辭海說編纂就是編輯。編輯是搜集材料去編成書。當然，我要做翻譯成為中文的工作，我卻不是把全篇逐字翻譯，而是把各篇裏對中華信徒讀者真有益處的材料搜集翻譯，所以主要的工作仍是搜集材料。當然，在編輯的過程中，我會加上一些從別處得來有益處的思想加進去（不多），主要的構思仍然是原書作者的構思。

這本書是我退休十年後所編纂而成，感謝天父給我健康和力量能為祂做些微的工作。我在海外生活了半個多世紀，中文退步多了。幸有鄧宗　牧師用數百小時改正，有時需用大刀闊斧，有時細心推敲，有時加上若干潤飾。謹此向鄧牧師致謝。

這本書的出版，再得何伍毓蓮博士慷慨資助印刷，謹此致謝。

本書的全部印刷過程——輸入電腦、排版、選擇字體、紙張色澤、校對、申請國際書碼等等——全得時兆出版社主編及經理大力幫助，始能順利完成。謹此向卓甫鄉牧師致謝。

這書的聖經，引用幾本十分完美的譯本，如《現代中文譯本修訂版》、《聖經新譯本》、《當代聖經》、《今日佳音》、《給現代人的福音》、《新約全書新譯本》，及《聖經和合本》等等，謹此致謝。

最後，請讀者容許我再說一次，當你打開這卷書的時候，首先祈求聖靈的光照，叫你能得著真實屬靈的益處。阿們！

第一卷

從神學的立場去思考一切

作者簡介

這一卷書的作者，是我在安德烈大學念書時神學院的教授該腓理博士。以我有限的觀察，他是本會學者智商最高的幾位之一。在他的班中上課的時候我得聚精會神去聽。因為英文不是我的母語，我還把他的講授內容錄音，回去細心再聽，以補助筆記的不足。

許多人都知道有些博士學位是很不容易得著的，神學博士學位是其中之一。該腓理擁有神學博士，為人卻十分謙和。我的女兒和他的女兒是同班同學，我曾受邀在他的家中吃飯，成了朋友。當我擔任羅馬林達教會牧師期間，我多次請他講道。他能深入淺出，用淺顯的句語把深奧的神學意義剖析出來，使我的教友得到很豐美的靈糧。有一次，他在離我住處二十多哩的一所本會大學校友會講道，題目是「我最重要最重大的發現」，我把這篇講道作為「開卷有益」這一證道集的引言，我想是再合適不過了。（漢從識）

《第一節》

我最重要最重大的發現

譯者按：這篇講道有點重覆，但正是它的優美之處。

我畢生（現；年達古稀）在兩所本會大學任神學教授，從多年的研究和學習中最重要和最重大的發現，就是上帝的愛是無限止的愛，祂的愛是無條件的愛。祂就在此時、此地，不管我們是在甚麼處境中，也不管我們怎樣行事為人，祂一直在愛我們。這是佳音，是好消息，是好新聞，也就是好福音。

當然，我也有不少其他重要和重大的發現，就如身為基督復臨安息日會的信徒，我們應當不斷地增加自身對科學和對人文的知識，運用我們思考的能力。五十年前我的教授多次說：「人運用腦筋去思想，可能有危險發生。但是不肯思想的危險反而更為嚴重。」（該教授是本會在二十世紀中葉以來最著名的神學家）。懷愛倫夫人在《幸福的階梯》書上曾說：「當上帝的子民在恩典中生長的時候，他們對上帝的話語要得著更清楚的認識。他們在研究神聖真理的時候，要得著新的亮光。各個世代的信徒都有這樣的經驗，這樣的經驗要延續至末日。」

我也發現禱告不能防止一切的災禍。我和我的弟弟在大學一年級結束的時候，一同跪在床沿禱告，求上帝分別保護我們的車程。我平安駕車回到家裏，弟弟卻在路上遭遇不幸，車禍喪生。

是的，我在五十年間的研究和學習中，有許許多多重大的發現，但這一切的發現中最重要和最重大的，莫過於發現上帝的愛是無限止的愛，祂的愛是無條件的愛。祂就在此時、此地，不管我們是在甚麼處境中，也不管我們是怎麼樣的行事為人，祂都一直在愛我們。這就是恩典的意義，正如美國宗教作家甄腓力所說：

「恩典的意義是說：我們不能做甚麼好事，叫上帝『多』愛我們——像禁戒不良嗜好，下苦工學習真道，或辛勤推進聖工。恩典的意義是說：我們不能藉著做壞事，叫上帝『少』愛我們——像放縱種族歧視，傲氣凌人，姦淫，甚至謀殺。」

一週前，我多年前的一位女學生被法庭判處終身監禁，因為她謀殺了兩個人。她才三十三歲，在一年半的調查期間，教會的牧師和另一位虔誠的同學探訪她，與她通信，她漸漸相信上帝是無條件地愛她。她在信上說：「上帝每天教導我，使我的信心成長。雖然我處身在人生最惡劣的境遇中，內心深處卻湧出無限的喜樂。」

在最後科刑裁決那天，到法庭聽審的，有教會的牧師、她的父母親和她的弟弟。宣佈判決之前，她的父母、她的弟弟和牧師分別講話，叫全法庭的人都聽聞得到，說：「我們是無條件地愛她」。

當然她希望不至得到終身監禁的刑罰。判決那天晚上她用電話對牧師說：「我知道上帝仍是站在我這一邊。」前一天晚上，她曾撥電話請我在講道時把她的經過說出來為她作見證，希望對信徒有所幫助。我問她面臨判刑，將在監牢中度漫長的歲月，有甚麼計畫？她說要用時間向一切女囚犯宣講上帝樂意接受她們，赦免她們的罪過。她說她的父母對她有像上帝那樣純一無條件的愛。

我深信任何一個人所能知道最重要的知識就是：「上帝的愛是無限止的愛，祂的愛是無條件的愛。」記得兩年前我聽一位牧師證道，他說：「你不能壞得『夠』，叫上帝不再愛你；你也不能好得『夠』，叫上帝多愛你。上帝能使不敬畏祂的人成為公義的人，因為耶穌曾為不敬畏祂的人死。」（羅馬書四章五節，五章六節）

上帝對我們所存無限止和無條件的愛，乃是基督信徒信仰的中心和生活行事的依據。幸福人生有不少重要的因素，如美好的健康、穩定的工作、事業、穩固的經濟基礎等等。但是這些重要的因素，卻遠遠不及認識上帝對我們無限止和無條件的愛那麼重要。

對復臨信徒來說，耶穌的死，乃是向我們證明上帝無條件的愛。遵守星期六為安息聖日而得的快樂，就是上帝無條件之愛的另一表達方式。我們時時刻刻盼望耶穌復臨，乃是上帝無條件之愛的果效。今日耶穌在天上聖所繼續為我們工作，乃是上帝無條件之愛的具體表現。是的，上帝對我們無限止無條件的愛，叫我們驚訝不止，拍案叫絕。

之前奧林匹克世界運動會舉行各項比賽，我們看見世界最優秀的運動健將站在頒獎台前，領取冠軍金牌獎，笑逐顏開，又是熱淚盈眶，播放他們的國歌時，肅立靜聽。

是的，世界上的人，大都喜愛那些出類拔萃，名列冠軍的人物，但是上帝不但疼愛這些人，祂也同樣地鍾愛一般名落孫山，榜上無名，和那些一敗塗地，一蹶不振、或一事無成的可憐人，這就是福音。上帝愛學業上失敗，中途輟學的人，就像祂愛一個絕頂聰明，輕而易舉地取得幾個博士學位的人，這就是福音。當我們循規蹈矩遵照法則而行時，上帝愛我們，但在我們走向邪道上胡作妄為的時候，上帝也愛我們。當然上帝不會「喜歡」祂的兒女違背祂的法則，但一旦違背，祂仍是「愛」他們，切望他們悔改，重歸正途，這也就是福音。我們的安全感來自確實知道上帝就在此時此地，不管我們置身於甚麼處境中，也不管我們怎樣行事為人，祂都不停地愛我們。我們的安全感不是來自個人出人頭地的輝煌成就，而是來自上帝對我們所存無限止和無條件的愛。這愛是出自上帝獨具極其優美的性格，不是靠賴我們的行為或善或惡。上文所引用那位牧師的話，說：「你不能壞得『夠』，叫上帝不再愛你；你也不能好得『夠』，叫上帝多愛你」，信是千真萬確，擲地有聲的話。

這就是耶穌在夜裏對尼哥底母所說的話：「上帝愛世人到這樣的境地，竟把祂的獨生子賜給他們，叫凡信靠祂的必不滅亡，反而得著永遠的生命。因為上帝差祂的兒子到世上來，不是要定世人的罪，卻是要藉著祂拯救世人。」且用另一種表達方式，較為淺白的句子，把這一席話的精意述說出來：

尼哥底母啊，你所需要知道的，就是上帝怎麼樣地愛世人，我且把這事向你說明。上帝把祂的兒子賜給世人，實在說來，祂的兒子也就是祂的自身。換句話說，上帝把自己賜給世人。為甚麼上帝要這樣做呢？上帝這樣做，是要叫沒有一個人被罪惡毀滅。任何一個人若肯相信祂的兒子，把兒子所彰顯上帝的愛，篤信不疑，這個人便得著真正的生命，豐盛無瑕的生命，和永遠的生命。尼哥底母啊，你知道嗎？上帝受盡千辛萬苦，把祂的愛子差到世上來，不是單單告訴世人他們是怎樣罪惡滔天，怎樣不可救藥，上帝絕沒有這樣的用意。上帝打發祂的兒子到世上來的唯一理由，乃是向世人顯明上帝是多麼疼愛他們，叫他們因這大愛而被改造，成為義人。

這就是耶穌對尼哥底母所說的話。這就是上文提及那位被判終身監禁女子的父母在法庭對她所說的話。這更是上帝藉著耶穌在世上工作和至終被釘在十字架而死的事上，不停地對我們所說的話——「我的愛是無限止的愛，我的愛是無條件的愛」！我深知信徒若全心相信上帝真是這樣愛我們，又把上帝這樣的愛作為我們人生行事為人的準則，這會改變我們對上帝的觀念，對自身的觀念，和對別人的觀念，更會改變我們的整個人生。因為明白了上帝這樣的愛，能以叫我們體會（親身經驗到）上帝是我們的救主，更能體察「上帝一直是站在我們這一邊，幫助我們」。我們必須體會上帝對我們無限止和無條件的愛。因為「認識至聖者，便是聰明。」

《第二節》耶穌基督是全本聖經的中心

從神學的立場來說，全本聖經六十六卷都是以耶穌基督為中心。聖經分為許多部分：如歷史、律法（猶太人稱摩西五經為律法）、詩體文字、先知著作（神學家稱之為大小先知）、使徒書信，和啟示錄。沒有基督為中心，我們便不能正確地明瞭這多個似無太大關連的部分。懷愛倫夫人說得好：

「我們必須要在髑髏地十字架上發射出來的亮光中研究上帝的話語，才可以正確地明白和珍重從創世記到啟示錄一切書中的真理。」

一位英國的神學家說：

「基督乃是聖經裏純金那樣的心臟。如果祂不在聖經裏面，聖經便是一本可有可無的書籍。我為甚麼要讀保羅的書信呢？因為保羅高舉基督。我為甚麼要讀舊約聖經呢？因為它是耶穌所承受的寶貴遺產；因為耶穌腦子裏所充滿的，就是舊約聖經；因為它就是耶穌思想生長的土壤；因為耶穌從舊約聖經中採取許多教導，並把這些教導變為更善更美的原則。」

當然，若是沒有耶穌為中心，許多聖經的話語仍對我們的人生有好處。舉例來說，十條誡命本身對我們大有幫助。但是從基督信徒的觀點來看，十條誡命若不是以耶穌為中心，便美中不足。有人說：「聖經若沒有耶穌為中心，它只不過是像一本宗教的百科全書，或像電話本子那樣毫無情節的目錄。」

從基督復臨安息日會信徒的立場來說，我們遵守星期六為安息聖日，千萬不要以守誡命為中心。原來我們遵守安息日所得的安息，乃是在基督裏面的安息。這安息日是基督賜給我們二十四小時的時間，這二十四小時乃是耶穌給我們的恩賜，預表將來祂要給我們永生無限止時間的恩賜。

照樣，我們的「洪福之望」也是以基督為中心的盼望。我們不單是盼望罪惡的歷史快快結束，更是盼望耶穌快快回來，叫上帝的臨格迅速來到人間。再者，我的人生若果真是以基督為中心，我便不會為著自身「成聖」或「好行為」而誇耀自己。我卻要在心裏說：「我感受到上帝在基督裏對我的愛，便在行為上配合這佳音，在行事為人上反映基督的大愛。」至於我們復臨信徒所深信天上聖所的真理，乃是我們的救主基督在復活後得著榮耀，仍繼續不停地為我們作成得救的工夫。最後，以基督為中去解釋「末日的審判」，這審判乃是我們在日常生活中顯明藉著上帝在基督裏的愛所產生的果效。

由此觀之，我們一切的信仰，都必然是以耶穌基督為中心，是無可置疑的。

《第三節》

福音

●福音的定義

基督復臨安息日會十分認識和重視福音的真義。福音就是好消息，是甚麼好消息呢？這好消息就是說：雖然我們有可怕又可憎的罪惡和罪性，上帝的愛卻為我們的今世帶來最重大和最豐美的意義，更有來世永遠而且幸福的生命，這全是來自空前絕後的好消息——上帝就是愛。

●福音的內容

我們需要盡可能地明白福音的內容。首先所需要的，就是多知曉和更明白上帝：上帝的本身、上帝的性格、上帝的行事和作為，並上帝對我們所要求的是甚麼。上帝真實的性格乃是愛，這愛是恆久長存無時不有的，又是在任何地區施給祂所創造一切生靈的。為了這個緣故，我們腦子裏對上帝最好的觀念，是把上帝看作是一位有無限愛心的神；而不只是一位無所不能的統治主宰。我們更需要把祂看作是一位存心極度仁慈地憐愛我們、生養我們、十分關懷我們的福樂，大喜過望地歡迎祂兒女回家的父親；而不是一位清廉自守，不徇私情，向罪有應得的犯人宣判刑罰的審判官。上帝的權能是感化人心和吸引人心的動力；而不是壓迫和管制人的動力。上帝的正義是布施祂完完全全的大愛；而不是行使祂獨特的專斷。

有了上述對上帝正確的觀念，信徒對一切事務，必有不同的看法，就如我們視得救進入天國永享福樂，完全是出於上帝給我們的贈予和恩賜，而絕不是靠賴我們信徒種種的成就，以之為應當獲得的報酬（這種種的成就如美好成熟的靈性，對聖道深入的認識，或無可指摘的行為）。照樣，上帝向我們所存的心意，是要我們大享平安，過度美滿的人生，並得著無限制的聖潔喜樂；而不是戰戰競競遵從命令，降服在祂的權威之下。我們視十條誡命為教導我們怎樣培養和發展良好品格的原則；而不是宇宙主宰特顯嚴厲，故示苛告的律令。在基督裏的生活，乃是在上帝的愛中生活；而不單單是討上帝歡喜的生活。當然，成聖和靈性的增長不再是上帝悅納我們的因素，而是上帝悅納我們的後果。

新約聖經有一個大主題，就是福音使罪人與上帝和好。原來罪人與上帝之間的仇怨，乃是罪人仇視上帝；上帝絕對沒有仇視罪人。罪人以上帝為敵；上帝並沒有以罪人為敵。反之，上帝主動，祂「在基督裏叫世人與自己和好」（哥林多後書五章十九節）。可惜許多人以為上帝仇視罪人，其實是罪人仇視上帝，所以祂若要罪人與祂重修舊好，祂便必須改變罪人仇視祂的態度。聖經明指罪人與上帝之間的仇恨，完完全全是出自罪人對上帝的敵意。所以當罪人在基督裏與上帝和好的結果，就是罪人不再以上帝為敵，卻是「以上帝為樂」（羅馬書五章十一節），這就是福音可貴的果效。

此外，福音給基督復臨安息日會信徒在信仰上帶來美好和純正的動機。我們「守上帝誡命，守耶穌真道」（啟示錄十四章十二節）。「守」是遵守，是行為。有些譯本將「守」字譯為「順從」，「順從」也是行為。行為確實是復臨信徒的一大優點。但是過度地強調行為會有危險，這危險就是倚靠遵守律法去賺取救恩的錯誤思想。有些人以為在行為上謹慎，使自己「夠」資格或是「夠」完好，可以得著救恩和永生。福音能防止和矯正這種錯誤的思想。福音說：「你們得救是本乎恩，也因著信，這並不是出於自己，乃是上帝所賜的。」（以弗所書二章八節）所以我守誡命，守耶穌真道，是因為我熱誠地愛上帝，而不是要滿足一些賺取救恩的條件。並且我要在基督裏生活，是因為我熱切地愛耶穌，而不是為了要滿足一些得救的必備條件。當然，我要盡力過一個豐富有意義，對教會對社會有貢獻的人生，而不是藉以追求得著進入天國的資格。這就是福音給我們帶來又高尚又純正的動機，也是響應上帝大愛所產生的動機。

《第四節》

復臨信徒珍貴的聖經真理

本節的內容，是把基督復臨安息日會珍貴的聖經真理，詳細解釋。這些真理完全出自聖經，可惜大多數的基督教派沒有認真去辨識這些真理。事實上，下述這六項真理全是以上帝的愛為中心，謂為寶貴的真理，殊屬恰當。

●一、安息日

每週星期六的安息日，是神聖的時間，也是珍貴和特殊的時間，它不是普通的時間。這就像上帝的愛，是神聖的愛，也是珍貴和特殊的愛，它不是普通的愛。遵守安息日為聖日的人，是證明他們把上帝的愛作為他們生命的中心，更是把自己完全託付在上帝的愛裏。為此，聖經稱安息日為「記號」，又稱這日為「印記」，以表示我們與上帝之間的關係。依照聖經的記載，安息日是上帝在創造世界完工之日，而耶穌基督在受難受死的一週，也是以安息日作為完結之日。所以上帝是我們的創造主，祂更是我們的救贖主，信是極度密切的神人關係。

茲將安息日與福音的關係，陳述於下：

（一）耶穌在世時，極重視安息聖日。祂自己遵守安息日為聖，並特意強調祂是「安息日的主」。耶穌認為安息日乃是醫治和從罪中得釋放自由的表號，祂說：「安息日是為人類的好處而設」。四福音記載祂在安息日所行的神蹟；中，大多數是幫助那些看見神蹟奇事的人明白安息日的真實意義。祂在安息日所行的一切神蹟，全是醫治人肉體上的疾病。聖經常用治癒疾病作為救贖罪人的表號。最早期的基督徒很重視耶穌在安息日所行的神蹟，把這些神蹟口語傳述，又記錄下來，留給後人閱讀。

（二）正如救恩是上帝給世人的恩賜，時間也是一種神聖的恩賜，不是世人藉著自己的勞力可以賺取而得的。當然，普通六日的時間，和安息日神聖的時間，有不少相像之處。例如六日和聖日都是上帝的恩賜，全不靠賴我們的成就。安息日的時間更不是因為我們遵守第四條誡命去六日勞碌作工，或謹慎預備聖日來臨而獲得的報酬。

（三）聖經有十多次記載上帝與世人立約說：「我是你們的上帝，你們是我的子民。」安息日充分地表示神與人之間極度密切的關係，因為安息日給我們充分的時間與上帝交往，更在聖堂崇拜的聚會中讓我們置身在祂的臨格前，這就是以馬內利——上帝與我們同在。

（四）安息日為我們帶來靈性和精神的自由。這一日，我們不受日常生活上必有的束縛，如賺取維持生活的金錢、清理家室、洗滌衣物、修剪花卉、購買日用物品等等。

（五）近日許多國家大力倡導保護大自然的環境，免受過度人為污染所摧毀。安息日乃是告訴世人上帝是大自然的創造主，我們應當盡力而為，保護它。

（六）我們生活在所謂科學昌明的世代，每週的安息日乃是慶祝上帝偉大的創造。安息日更說明科學繼續不斷地發現上帝創造的奧妙，證明科學本身微不足道，和極其有限度的成就。

（七）安息日給每一個人真正的「尊貴」（每一個人都是上帝的兒女，耶穌曾經為人人嘗了死味，所以人在上帝的眼中十分尊貴，價值十分高昂。）上帝在頒佈第四條誡命時，吩咐當時有男女奴僕的主人，在安息日要讓奴僕停工。在安息日裏，人人平等，沒有階級之分，人人各自與上帝建立關係——這就是真正的人權。

（八）安息日提醒我們不要全神貫注在賺取錢財和醉心於屬世的娛樂中。

（九）安息日最重要的意義，就是上帝為了愛我們，祂把安息日賜給我們，叫我們活在祂神聖的愛中，怡然自得。

●二、基督復臨的盼望

基督復臨安息日會信仰的另一項重要真理，就是耶穌再回來的盼望，也是上帝至終必然得到勝利的盼望。我們對將來前途的指望，完全集中在耶穌回來一事上。這「將來」

絕不是遙遠無期的，而是十分逼近和即將應驗的大事。這是「有福的盼望」，因為耶穌回來時，我們便要在上帝面前生活。耶穌再來要叫世人大大驚奇，因為祂是在人想不到的時候回來。原來耶穌回來的日子和時辰，完完全全由上帝自己決定。為此，我們所盼望的，真是十分美好的；為此，我們要全心全意聽候上帝所決定這盼望實現的時間，更要在等候這盼望實現的期間誠心實意地信靠祂，為主而生活。

對一切以上帝的愛為生活中心的人來說，基督復臨的盼望實在是個好消息。因為耶穌回來的時候，祂要把人世間一切從罪而來的傷害消除淨盡，就如千百種危害身體的疾病、破裂的人際關係、死亡帶來的分離和悲痛。人心裏的嫉妒、惱恨、貪婪將要被憐愛、饒恕和樂善好施所取代。恐懼、驚駭、猜疑不再困擾人；充滿人心的乃是對上帝的信靠和因信靠而來的安全感。我們要回復對別人的互敬互助和愛，再沒有任何損人利己的惡念……這就是基督復臨隨之而來的佳境——極善極美的天家。

雖然我們今日生存在一個被罪惡損害的世界，沒有任何事物是完全的。但是在這充滿苦難的世界裏，我們可以看見還有些微的「真、善、美」的存在（真理、良善、美麗）。這些微的真善美足以說明耶穌回來後，我們永遠的生存會是多麼地幸福，因為到那日，真善美不再是「些微」的存在，而是到達最崇高和最完全的境界。保羅說得好：「上帝為愛祂的人所預備的，是眼睛未曾看見，耳朵未曾聽見，人心也未曾想到的。」基督復臨的盼望，是福音的一部分。原來福音乃是上帝主動地把祂對我們的美意實行出來。為此，復臨的盼望，是世人獨一無二的盼望，更是最美好最有福樂的盼望。

基督復臨並不是地上萬事的終止或終結，所終結的只是一切被罪污染的壞事。基督復臨乃是我們永遠幸福快樂生活的開始，所以我們可以與使徒保羅同聲說：「基督復臨的盼望，真是美好的盼望，真是有福的盼望。」

●三、今日耶穌在天上繼續為我們工作

基督復臨安息日會十分洞悉，耶穌今日在天上為救贖我們仍時刻不停地工作這項真理。這位曾被釘死埋葬然後復活的救主耶穌，從升天後到今日一直不斷地為世人的救贖而工作。這是希伯來書的一個大主題。自古以來，聖所乃是最重要的地方，它是上帝臨格的所在，更是一切崇事和敬拜的中心。所以在救贖人類的全部歷史中，耶穌在天上聖所的工作佔有極其重要的核心地位。

對我們生活在廿一世紀的信徒來說，耶穌今日在天上仍然繼續為我們不停地工作，乃是福音，是好消息。上帝還是主動地幫助我們，藉著赦免世人的過犯，使人與祂和好，又救拔我們脫離罪惡的深淵，這都能增進我們對上帝信靠和愛慕的心。同時，這也必使我們把目光轉離個人的努力和成就，而集中在上帝的恩惠之上。

耶穌在十字架上將靈魂交付上帝之前說：「成了！」為要親自嘗試人類所受罪惡的苦果，上帝便在耶穌裏面與人類融合。這項重大的工作在耶穌被釘死的事上已經成全了。但是上帝為了救贖罪人，祂不單沒有放手或退身之念，祂更藉著耶穌繼續不斷地工作，叫世人隨時隨地可以得著祂的引領、幫助和擊敗魔鬼的能力。

耶穌在世時，在祂周圍生活的人可以隨時到祂跟前來，請求祂的恩助。今日，因為耶穌在天上繼續為我們工作，全世界的人都可以隨時到祂的「施恩寶座前，為要得憐恤，蒙恩惠，作隨時的幫助。」祂今日是我們在天上的大祭司，是我們的中保（不是第三者，並非局外人）。上帝在基督裏向因罪與祂分離的人，邀請他們與自己和好。罪人不必繼續與上帝分離，這真是「關乎萬民大喜」的好消息。耶穌今日在天上為我們工作，天和地的距離大大縮短，我們與上帝已是十分接近了。

我們不知不覺地，看耶穌第一次到世上來被釘十字架，是二千多年前的「往事」，又是發生在遙不可及的猶太國。然而那位被釘在十字架上的耶穌，卻也就是今日在天上為我們的得救而工作的救主。祂今日能以在天上為我們工作，為中保，完全是基於祂在地上被釘十字架所付上無量的贖價而獲致。所以十字架的功效是永久的，是上天賜予的。感謝主！讚美主！

●四、健全的生活

復臨信徒珍視聖經啟示我們應當過健全生活的真理。一個人的生活，是把多方面的因素組合而成，諸如身體、思想、感情、對上帝的關係、對人的關係等等。從另外的一個角度來說，我們的時間、金錢、健康、才能、夫妻的關係或對別人的影響，沒有一樣是無關重要的。一個人的品格和行事為人，他怎樣待人接物，在在都表現這個人的「價值觀念」。（我讀中學的時代，「價值觀念」一詞還沒有出現，也許是近日從英語借來使用，意即一個人十分重視某種原則如誠實或節儉，這就是他的價值觀。）聖經多處提及我們若接受從上帝而來的原則，將要影響我們的思想、感情和行動。從上帝而來，其中有一個大原則，就是注重生理和心理的健康。一百多年以來，基督復臨安息日會提倡戒酒戒菸；直到近數十年間，全賴醫學和科學的昌明，才促使一些政府頒佈規例，禁止民眾在公共場所吸菸。

福音十分注重信徒的健全生活，從聖經中可以獲得下列幾項的啟示：

（一）上帝在耶穌裏「道成了肉身，住在我們中間」，祂親身體驗世人的生活。耶穌取了人的身體，顯示祂對世人身體的重視。這與希臘文化藐視身體（只重心思）的理論恰巧相反。事實上，人的存在全賴乎身體的存在。所以當拿撒勒人耶穌過人間生活的時候，上帝便在耶穌裏親嘗罪的苦果，這就是「上帝愛世人」所選擇的途徑，祂在耶穌裏與世人認同、融和。

（二）耶穌在世界工作有一個目標，就是使用祂的權力去克勝世人身體上的疾病。但是祂說：「那殺身體不能殺靈魂的，不要怕他們」，靈魂比身體優先，又是在身體之前（參閱帖前五章廿三節）。但是要知道，耶穌絕沒有提出或暗示身體不重要，祂更沒有說靈魂可以在身體之外單獨存在。

（三）耶穌的身體復活過來，顯示祂完全勝過了罪惡。在祂復活之後，祂多次向眾人顯示祂的身體，讓他們抱住祂的腳，又和他們約定在加利利的某個山上相會。祂在走往以馬忤斯的路上與兩個因祂死去滿心憂愁的信徒同行、談論、願意同他們住下，更在喫晚飯的時候用手拿餅擘開，遞給他們喫。耶穌隨即在耶路撒冷城十一個門徒聚集的地方，叫這些疑心不信祂已經復活的人看祂的手和腳，摸祂身體的骨和肉，更請多馬伸出指頭摸祂的手，叫他用手探入祂的肋旁……。可見耶穌和我們都有相同的身體。

（四）在將來永生的歲月中，我們每一個人仍然是有身體的人。

（五）靠賴我們的身體，把能力供應給腦子，使腦子可以思想，我們便應當細心照顧身體，保持良好的健康。

●五、真理

以基督復臨安息日會的立場來說，真理是比任何的成就或成功重要得多了。明白真理是無上的重要，因為上帝是無上的主宰，祂更是真理的來源，又是一切真理的標準。人若不追求真理，不理會真理，甚至否認和駁斥真理，或把真理置若罔聞，這就是拒絕賜真理的上帝，招致自身的滅亡。

約翰福音說耶穌就是真理（祂是道路，真理和生命），它更進一層說耶穌充充滿滿有恩典和真理。祂應許門徒說：「『真理要叫你們得以自由』，並且『真理的聖靈要引導你們明白一切的真理』」。我們身為基督徒的人，必定相信耶穌所說關於真理的一切話語。

基督復臨安息日會十分看重明白真理，和在生活上把所明白的真理實行出來。本會信徒常用「真理」一詞代表本會的信條和生活方式。我們應當十分謹慎，千萬不要因為本會所珍視聖經的真理而產生宗教上的優越感，瞧不起其他教派的信徒。更不要以為我們已經得著全部的真理了（只有上帝擁有全部的真理）；事實上，雖然真理永遠都是真理，但是我們世人對真理的認識，乃是逐漸增長的。

身為基督復臨安息日會的信徒，十分有幸，因為我們教會的一個重要特色，乃是要接受和奉行真理，就算是要作出犧牲，要付上最大的代價，也極度樂意，視為義不容辭之舉。順從真理，對真理忠心，是我們的任務，也是我們的本分。這特色引導我們對真理作更深入的認識，我們把從更深入的認識而發現的真理，稱之為「現代真理」。

●六、現代真理

雖然「現代真理」是基督復臨安息日會（以管見所及，沒有多少其他教派使用這個詞語）早期先鋒們所創始的詞語，它卻是極度合乎聖經的原則。「現代真理」這種構想，這種觀念，是基督復臨安息日會神學傳統中最重要的「傳家寶」。大開心門，接受新發現的真理，是本會成立以來最為可取的態度。新發現的真理，絕不會叫我們摒棄早期發現的舊真理，而是把兩者併合起來，使之成為完全的真理。實際上，聖經明明指出上帝呼籲信徒不單單要保守過往時代所建立的真理基礎，更要在這基礎上繼續建造。且看希伯來書的開場白說：「上帝既在古時藉著眾先知，多方多次的曉諭列祖。就在這末世，藉著祂的兒子曉諭我們。」再有耶穌的比喻說：「就像一個家主，從他庫裏拿出新舊的東西來。」耶穌死前對門徒說：「我還有好些事要告訴你們，但你們現在擔當不了。只等真理的聖靈來了，祂要引導你們明白一切的真理。」可見真理是循序漸進，繼續發展的。再者，耶穌帶來許多嶄新的思想，這些新思想只是真理的發展，又是把真理更清楚地提出示來而已。

一八四〇、一八五〇年代，本會先賢們大力宣揚要遵守他們新近發現一週第七日是安息日的真理，認為是「現代真理」，更把本會在一八四九年首次出版的刊物定名為「現代真理」。懷雅各是這刊物的編輯，他在「現代真理」的創刊號說：「使徒彼得時代的現代真理，是適合彼得時代的現代真理……而今日（一八四九年）的現代真理是向我們宣示我們現今時代的責任（遵守安息日）。」

二十年後，懷愛倫夫人說：「我們今天謹藏於心的信條，就是現代真理，這是千真萬確的。」過了十五年，她又說：「馬丁路得的時代，有那時代的現代真理，對那時有其特別的重要性，照樣，今天也有現代的真理，對今日的教會有其特別的重要性。」

在此我們要把本會先賢所發現的現代真理，列舉如下：耶穌今日在天上繼續為我們工作；每週的第七日是神聖的安息聖日；懷愛倫夫人賦有先知的任務；人死後的景況是無知無覺，所以沒有受地獄永火燃燒的可能；身體健康的重要和衛生原則；捐獻收入的十分之一是上帝管家的責任；基督復臨安息日會到普天之下傳揚福音的使命等等。

總而言之，既然聖靈要繼續地引導我們明白真理，我們便要留心隨從祂的引導。如上所說，我們要大開心門，歡迎聖靈啟示我們新的真理，接受它，並且拳拳服膺它。

《第五節》相信與信靠

基督復臨安息日會的信徒與世界上大多數基督信徒都有一個相似的觀念：「信」字含有兩個意義：（一）相信某些事物是真實的，如地球是圓的，如水是向下流動的；（二）信靠、信賴、信託和信任。

●相信

先談信的第一個意義：信以為真。我多次計劃坐船去巴拿馬運河觀光，卻沒有實現。但是我相信巴拿馬運河的存在是真確的。約翰說：「從來沒有人看見過上帝」，無數的人相信上帝的存在是千真萬確的。一位十九世紀的猶太哲學家（他是基督徒）說：「假如上帝不存在，我們無法證明祂的不存在。假如上帝存在，要證明祂的存在乃屬多此一舉，是愚笨不過之事」，這是中肯的定論。但在基督教兩千年的傳統中，多次有人企圖「證明」上帝的存在，立下多種理論。嚴格來說，沒有甚麼理論能夠「證明」上帝的存在。但是這些理論對解釋上帝存在的可信性，十分有幫助。本文特選其中四種，簡述如后：

（一）本體論：這是哲學上稱為演繹法的理論，從推演而作出結論。既然基督徒都信上帝是永久無限又是最高權能的神，祂的本體當然存在，這是顯而易見，毋庸置疑的。近代有人稱本體論為「依據邏輯，上帝必然存在的理論。」

（二）宇宙論：這一立論認為我們看見自然環境一切飛潛動植和山川河谷的存在；顯而易見的，必定有個所謂「第一原因」或「第一致因」，致使萬物的存在；這「第一致因」更不住地維持宇宙萬物的生存。宇宙論指明上帝是創造主，是天地萬物的「第一致因」。

（三）目標論：一切生物都適應它們的環境，向著一定的目標生長。上帝乃是大自然的「設計者」，祂引導萬物去達成創造者的目標。

（四）人類品性論：人類之所以有崇高的道德觀念（如孔子的「己所不欲，勿施於人」），行仁尚義，愛好自由，追求真、善、美，嚮往長生不老之道等，在在足以說明必有一位賜人良好品性的上帝。

總而言之，上列的四項理論對解釋上帝的存在很有幫助。但是使徒約翰在說了「從來沒有人看見上帝」後，便立刻說：「只有在父懷裏的獨生子將祂（上帝）顯明出來。」是的，相信這位曾在地上生活，工作，又至終為人類受死然後復活的耶穌，最能確實知道上帝的存在。

●信靠

「信」是聖經中的一個大主題，有極美好和極重要的意義。但是有一節聖經似乎是指出它不甚美好的一面。雅各書二章十九節說：「你信上帝只有一位，你信的不錯。鬼魔也信，卻是戰驚。」原來鬼魔的「信」，只是知道上帝的存在是真確無疑的，卻絲毫沒有仰慕上帝或信靠上帝的心。

信靠、信託、信任和信賴，都有相同的含意。我們信靠上帝，我們領會祂對我們所存的，是極善極美的好意，因而便全心全性把自己託付祂、靠賴祂。

信靠上帝是一樁不顧後果的決定。聖經給我們提出一些十分美好的榜樣。約伯在失盡財物身心受損的慘遇中，仍然深信「上帝是不會丟棄他的」。但以理的三位青年朋友信靠上帝，所以在信心受生死關頭試煉的時候，能放膽對巴比倫王說：「我們所事奉的上帝，能將我們從烈火的窯中救出來。但是就算祂不救我們，我們也絕不拜你所立的金像。」這是何等堅定的信靠！

當然，信靠上帝最高的模範，就是耶穌。祂在客西馬尼園掙扎的時候，對上帝說：「願你的旨意成就」。這是絕無僅有的信靠。

與信靠恰巧相反的一件事，就是疑惑、存疑、疑雲（近於不信）。耶穌把信和疑相提並論，祂對懷疑大師門徒多馬說：「不要疑惑，總要信。」魔鬼最擅長於把疑心放進人的思維裏；他引誘始祖母夏娃犯罪時所說的兩句話，目的是把疑惑上帝的思想放進她的腦子裏。

懷愛倫夫人說：「上帝從來沒有叫我們相信任何事，卻沒有賜下足夠的佐證作為我們相信的基礎。神的存在，祂的品格，和聖經的確實，都可以找到極多和大量的明證，要我們運用思考的能力去領會。但是上帝絕對沒有把存疑的可能，完全免除。所以我們的信心應當建立在顯而易見的明證上，而不是靠賴親眼看得見的證據上。」為此，保羅說：「上帝的事情，人所能知道的，原顯明在人的心裏……自從造天地以來，上帝的永能和神性是明明可知的，雖是眼不能見，但藉著所造之物，就可以曉得，叫人無可推諉。」（羅馬書一章十九、二十節）

我們都可以仿效那位被鬼附身的孩子的父親淚流滿面向耶穌懇求，說：「我信，但我信不足，求主幫助。」（馬可福音九章廿四節）

註：佐證是一種間接有力的證據。本節結束時引用羅馬書一章廿節的「但藉著看見上帝所造之物」，這就是佐證。雖然我們看不見上帝，但祂的永能和神性，因看見祂所造之物（佐證），便可以相信。

《第六節》信徒生活世俗化的問題

二十一世紀今日的世界，是一個極其世俗化的世界。「世俗化」的定義是甚麼呢？我們且作一個很長的定義：世俗化是把人生的一切，完全集中在目前，在今生的世上。世俗人生，專注於金錢的積儹，物質生活的享受和舒適、多采多姿的娛樂，和一切滿足人生慾望的活動；對於屬靈屬聖或與神交往的事，完全置之度外，絕對沒有天國的實現和永生的福樂這樣一回事。世俗化的生活，過著的是一種完全與上帝脫離聯繫的生活。

在世界歷史中，有些世代的人民沒有像今日那麼普遍地世俗化。他們或多或少，都是以上帝為個人生活的中心。今日卻不是這樣，大多數的人民是過著對上帝沒有絲毫思念的生活。以我個人（作者是美國人）的觀察所及，生活在經濟充分地發展國家的人民，更是如此。雖然近年美國有許多基督教派組織所謂「巨型教堂」，一所會堂容納赴會人數超過五千之眾，每星期日座無虛席。但是大多數會眾到教堂來的動機，似乎不是因為以宗教信仰作為生活的中心而來，而是依從社會一般人民星期日上教堂的慣例而來，存著「我們的國家是個基督教國家啊！」的觀念。有許多父母希望教會能把一些善良處世為人的教導，崇高的道德原則，灌輸給他們的兒女，幫助年輕人不致吸毒，不要作奸犯科。

至於每星期日電視廣播的基督教崇拜聚會節目，娛樂的成分十分高，講道的內容大多是俗世的美滿生活祕訣，不多論及崇高的道德標準或純全的聖經真理，像愛仇敵，照顧貧窮人等。今日美國的宗教，是世俗化的宗教，這是十分可悲的現象。

假如我們可以這樣說：「今日社會普遍的世俗化，對基督復臨安息日會的信徒沒有絲毫的影響」，那是多麼美好的句語。但是實際上來說，我們不能作這樣的敘述。許多本會信徒對上帝的認識，似乎沒有過往那樣親切，對信仰的實踐，也沒有過往那樣熱誠。有諸內必形於外，人的信仰必在行為上表現出來，今日有些本會信徒的行為，似乎沒有過往那樣認真和檢點。舉例來說，全球總會統計部報告顯示出北美分會（美國和加拿大）教友平均捐獻給教會的款項，每下愈況，近年來比過往少了。耶穌說：「你們的財寶在那裏，你們的心也在那裏。」看看安息日早上，在許多基督復臨安息日會教堂停車場上的名貴汽車，頗能反映有些信徒崇尚物質主義的傾向。

我們應當效法古代敬愛上帝的信徒，看自己在今世上不過是客旅，是暫時寄居的，不住地羨慕一個更美的家鄉，就是在天上的城邑（見希伯來書十一章）。我們更要常常溫習使徒約翰的勸導，「不要愛世界，和世界上的事。人若愛世界，愛父的心就不在他裏面了。因為凡世界上的事，就像肉體的情慾，眼目的情慾，並今生的驕傲，都不是從父來的，乃是從世界來的。」這是一帖解決信徒生活世俗化問題最能夠治本最有效力的良藥。

《第七節》懷愛倫夫人與聖經的關係

基督復臨安息日會和許多基督教派都相信聖經是我們一切信仰的來源，它更是至高無尚的標準。這就是說，懷愛倫夫人的著作言論不是聖經以外的另一信仰來源或另一標準。她的著作言論是要啟發我們研究聖經的興趣，引導我們得著聖經更多的幫助。

基督復臨安息日會信徒的生活方式，靈性的發展，和教會的神學，在在得著懷夫人的引導。有些聖經的真理，在多個世代以來被人完全忽視了，懷夫人致力於肯定這些真理。於此列舉其中重要的幾項：上帝的品格；上帝在世界上的行事；信徒靈性上心靈的爭鬥；安息日指明上帝對人的大愛；耶穌是我們的大祭司，今日在天上聖所，要為我們完成救贖的大工；宇宙當中罪的嚴重問題；善惡的爭戰，上帝的慈愛必然終於得勝；在救贖人類的事上，耶穌犧牲性命所顯示出來的，是至高至上至大的恩典；人的身體、智力和靈性，是同樣的重要，應有均衡的發展。

過去基督教界在神學上推出三項錯誤的理論：

（一）聖經是上帝親口說出的話語（逐字啟示）。

（二）耶穌不像天父上帝那樣「自有永有」，祂是天父上帝所造的（違反約翰福音一章一、二節）。這一錯誤更進一步說父上帝沒有開始出現的時間，因為祂是自有和永有的；而耶穌卻有開始出現的時間。這種錯誤的理論，是第四世紀一位神學家所作出的。

（三）第三項錯誤的理論，向著兩個極端走去：（一）人得救全是靠賴遵行律法。（二）人得救不須遵行任何律法，因為我們得救是本乎恩典；這一極端有人稱之為「廉價恩典」。

懷愛倫夫人出而糾正了上述三項錯誤的理論。

●懷夫人與聖經的解釋

懷愛倫夫人的責任，並不是把全本聖經作詳盡和具有權威性的解釋，因之而限制了本會信徒研究和解釋聖經努力。她絕對沒有認為她若不把聖經解釋明白，信徒便不能夠領會聖經的精意。她從來沒有說：「我要把某一段聖經的意義告訴你們。」她也沒有把她許多的著述和立論，作為解釋聖經最高的權威。

反之，從本會開始成立的時候，正是她年輕時，便一直把自己看作是聖經的僕人，她的責任是引帶信徒專注聖經。就是到她年長的時候，教會面對某項信仰有分歧意見或爭論，她只會說：「上帝把這段聖經和那段聖經的關係向我指明出來……這便定下了第三位天使訊息的意義和真理。」她引用聖經去解決信仰的爭論，而不用她自己的權威去解決。

懷夫人強調一個原則：「上帝話語的本身，足能光照思想最不清醒的頭腦。一切想要明白聖經人，都可以明白上帝的話語。」她多次鼓勵眾多的信徒，特別是基督復臨安息日會的教友，要細心和慎重地研究聖經。她說：「不要靠賴別人的腦筋代替你自己去探尋和思考聖經的話語。」當她引用聖經某段章節的時候，她期望讀者翻開聖經去研讀並查考該段聖經的意義。她十分贊同十六世紀改正教對聖經所持的態度，採用「獨靠聖經」的口號，意思就是說，聖經是人人都可以明白和通曉的。

當我們每一個人靜坐下來打開聖經某段作客觀的研究時，我們不能預先知道這樣研究所發現該段的意義是甚麼。假如我們細心研究某段聖經所發現的意義，與一百年前懷愛倫夫人從這同一段聖經所發現的意義並不相符，我們不應該感覺難過或詫異。原來懷夫人的著作是要闡明聖經的真理，她的著作絕對不是要禁止信徒採用正確的解釋聖經原則去發掘聖經的真理。總括來說，我們不應該把懷夫人的著作恃之作為明瞭聖經的捷徑，我們應當自己下工夫努力去研究。

● 懷夫人與本會的神學研究

正如上述懷夫人的著作不單不限制信徒自行研究聖經，她更鼓勵人人要細心研究聖經。照樣，她的著作不是要限制本會在神學上繼續地研究和發展。

原來懷夫人的著作中，她指出有不少的難題，須要教會細心研究，將之解決的。她沒有把這些難題的解答告訴教會的領導人。她又提出在神學上應當下工夫探尋的領域。有所遵循，教會便知所取捨。事實上，她的著作對本會的工作有極大的幫助。我們可以說懷夫人為教會的神學研究，作了十分美善的開始，教會因而得以繼續向前發展下去。她在神學上的工作，與先知以賽亞、阿摩司和使徒保羅，有相像之處，就是要喚醒主的百姓，鼓勵他們向前邁進。

就基督復臨安息日會的立場而言，聖經的權威是至高無尚的。所以我們可以作一個定論：應用聖經為標準去量度懷夫人的言論，藉此評斷她的言論對或不對；我們斷不可用她的言論為標準去量度聖經的真理（到今日為止，還沒有人發現她的言論與聖經的言論有矛盾或抵觸之處）。

從神學的立場來說，我們不把懷夫人的著作與聖經放在同一或等量齊觀的位置上，我們更不能把她的著作放在比聖經較高的位置上，因為她終其一生都在高舉聖經，提倡用聖經作為判定一切宗教理論的標準。她去世前參赴全球大總會會議，在她講道結束的時候，把聖經高舉起來，向全體會眾說：「我向你們推薦上帝的話語！」

《第八節》基督復臨安息日會與各基督教宗派的關係

本書是從神學的立場討論多項基督復臨安息日會視為極重要的神學或信仰問題。西諺有云：沒有一個人可以是個「孤島」。宗教教派也是如此，沒有一個基督教派能以像孤島的存在，孤芳自賞。也沒有任何宗派可以說：「我的神學全是從上帝、聖經和我自己得來的。」事實上，每一個人的神學觀念，每一個基督教派的信仰，都會受到別人或其他教派的影響；基督復臨安息日會也沒有例外。

假如我們將眾多的基督教派劃分為幾個圈子，這可以把基督復臨安息日會與這些教派的關係，清楚地顯示出來：

第一個圈子指基督復臨安息日會的信徒，這圈子不太大，是中央的一個。它的信徒十分看重聖經；遵守每週的第七日為安息聖日；盼望上帝在耶穌裏快速回來；確信天上的聖所要被潔淨；十分注重身體的健康；推廣醫療的工作，為人群服務；致力福音傳遍天下，對萬民作見證。

第二個圈子比較大，可以把第一個圈子套在裏面，我們稱之為衛斯理圈子（衛斯理是循道會創辦人，本會許多先鋒，連懷愛倫夫人在內，原是循道會的信徒）。這個圈子裏的信徒，相信罪人得著上帝赦罪大恩的後果，乃是在行為上走進成聖的道路。

第三個圈子更大，把上述的兩個圈子套在裏面，這是浸信會圈子。它的信徒奉行全身入水的浸禮，相信教會是由自動立志加入的人所組成的團體。浸信會圈子裏有一宗派名為「安息日浸信會」，此派的信徒把安息日的真理介紹給基督復臨安息日會初期的先鋒。

第四個圈子是改正教的各個基督教宗派，圈子又比前加大了些。信徒相信自己在上帝面前能被稱為公義的人，完全是靠賴上帝的恩典。每一位相信耶穌的信徒，都是上帝的祭司（見出埃及記十九章六節）。

第五個圈子是一切基督信徒圈子，我們相信父上帝是創造萬物的根源，聖子是道成肉身的耶穌，聖靈是永遠與我們同在的引導者。我們相信耶穌既是神，卻也是人。

第六個圈子最大，是包羅上列五項的大圈子，我們稱之為聖經圈子。這圈子裏的信徒，相信上帝是絕對公義和公正的，祂把恩澤施給萬民，又在耶穌裏親嘗人類犯罪後的苦痛。

綜上所述，基督復臨安息日會十分有幸，我們是在每一個圈子裏面。原來在本會成立以先，許多基督教派早已存在。我們把他們的一些信仰與聖經比較，合聖經教導的，我們便接受。然而，我們不以此為足，更自行研究聖經，得著不少這些教派所沒有發現的真理，希望他們將有一日也會接受這些真理。

第二卷

愛護上帝的教會

作者簡介

這卷書的作者賴思禮博士在羅馬林達大學的宗教系任教多年。二十年前，我大女兒于歸婚禮，他為福證，我們時常有相見的機會。他著書多本，討論：上帝的統治；上帝的預知與罪人的自主權；上帝的子民遭遇不幸；信心的範圍等等。

本會公報主筆在推薦這卷書時說：「賴思禮熱愛教會，以牧師的心腸和聖經的原則，把上帝設立教會的用意，一一列出，正是現今時代基督復臨安息日會最需要的訊息。」但願讀者諸君，開卷細讀，必定獲益匪淺。

《何漢從》編纂者序

接受傳道訓練，畢業以後，我畢生的工作是傳道人，是牧師，服務地方教會，這是值得感謝上帝恩寵的。牧養的工作，有極度歡欣喜樂的時候，就是有人決意跟從耶穌，受洗加入教會，不單是在天上有大喜樂，這更是傳道者得著異常喜樂的時候。

反之，教會牧者也有最悲傷的時候，這就是任何一位教友脫離教會的時候，為甚麼這樣說呢？以我有限的經驗來說，我還沒有看見過任何脫離教會的人，仍然過著熱愛上帝的生活。我不是說絕對沒有，不過在我所看見過的不少脫離教會的人中，還沒有一個這樣的人。這便是使人悲傷哀痛的理由。我記得在廣州市認識一位從美國來的國外佈道士恩帝孫牧師，他的女兒是他的掌上明珠。他說：「情願見我的女兒病死，也不願見她離開上帝！因她若病死，我還有將來在天國與她共聚的希望。但是她若離開上帝，這就是永別了。」信是至理名言。

人要脫離教會，理由是甚麼？脫離教會是絕對沒有理由，沒有道理的。上帝愛我們這麼深厚，為我們設立祂的家，就是教會，人絕對沒有道理要脫離上帝的家。我們可以說，人脫離教會，往往用好些藉口來解釋：例如在生活中遭遇失意的事——車禍、疾病、失業、破財、婚姻變故、親人喪亡等——託辭而已。有一個常用的託辭，就是埋怨教會不好，教會有這樣的毛病，有那樣的缺點，牧師和領袖有這樣的錯失，或教友有那樣的壞處。

翻看舊約四千年的歷史中，上帝的教會沒有任何時代是完全的。啟示錄一至三章描述從新約時代開始到耶穌復臨之間七個時代教會的狀況，與舊約時代差不了多少。且看聖靈對第五個教會的評語，說：「按名你是活的，其實是死的……因我見你的行為，在我上帝面前，沒有一樣是完全的。」

教會不完全是因為牧師教友都不完全。「不錯，教會又衰弱，又有過失，需要受責備，受警告和勸戒。但是在全世界上獨一得著基督最大關注和照顧的，就是祂的教會。」《給牧師證言》第四十五、四十九面）我每次拜讀懷愛倫夫人這一金句，心裏便湧出熱愛教會的溫暖感覺。

不久前，在本會公報讀了一則趣事，茲用第一人稱，與讀者分享：

我是牧師，在安息日到某所陌生的教堂證道。一位執事帶我進入教會書記的辦公室，讓我把講道的稿子再看一遍。忽有三位女子走進來，面露驚惶之色，問我說：「半小時前我們把三個錢袋放在這桌子上，你有沒有看見？」

我說：「我今天來這裏講道，十五分鐘前執事把我帶進這裏來，我沒有看見你們的錢袋。」就在這時，那位執事走進來，她們便向他詢問。

他說：「我看見你們的錢袋放在這桌子上，我怕有人來偷去，便將之鎖在這櫥櫃裏。」她們聽了十分開心，鬆了一口氣。我永遠不能忘記這位執事把錢袋交還給物主的時候，用柔聲責備她們說：「你們應當知道不能把錢袋隨處安放。雖然這裏是教會的會堂，這卻不是天堂！」（節錄終結）

這位聰明過人的執事先生把天堂的理想與教會的實況一語道破。

中東地區有一句至理名言，說：「全心信靠上帝——但是要把你的駱駝好好地捆住。」在這個罪惡的世界裏，教會裏面實在是比教會外面好得多了，有十分顯著的不同。原來教會接受了上帝賜下來最高的道德標準，誠心的教友大都定意要努力達到上帝的期望；就算是暫時達不到，也比沒有崇高標準好得多了。就是因為信徒們暫時還未達到上帝的標準，教堂還比不上天堂那麼完全，我們仍得謹慎地把駱駝好好捆住。但見教會的前途是最光明的，因為有一天，教會要成為完全，沒有玷污，無可指摘，成為羔羊的新婦，預備妥當。教會要像天堂那樣完全。我們誠心為這光明無比的前途，感謝上帝。

引言

基督復臨安息日會的信徒衷心感謝上帝領導的厚恩。每天有二千三百以上的男女加入教會；每五小時便成立一個新的地方教會。估計到二〇二〇年全球的教友人數將要達到三千七百萬之多。

一百五十年前，本會開始成立之時，人數不多的信徒全在美國東部新英倫區幾州聚居。首批佈道士在一八七四年到國外工作。今日本會一千三百多萬的信徒，百分之九十散居在北美洲和歐洲以外的國中。

本會的教育系統是世界最大的。今日不少國家領袖曾在本會學校接受訓練。本會的醫院散佈全球，受惠群眾，何止千萬，莫不稱許本會的醫療服務。

是的，這都是上帝給基督復臨安息日會的福惠，我們誠心感謝祂。可是我們若細心觀察教會的真實情況，便發覺好些叫人憂慮的現象，就如在某些地區裏，教友人數不住地減少，或教會的經濟沒有往昔那麼充裕，又或有少數的人大肆攻擊教會等等。而最叫我們憂慮的，就是有不少的信徒對教會採取冷淡的態度，失去起初對教會的熱誠和關懷。

有人會這樣想：在各個基督教宗派的發展過程中，到了某個階段的時候，初期的熱情便會冷卻下來，視之為一般自然的現象。然而這一現象，對熱愛教會和關懷教會的信徒來說，是十分可使人震驚和可悲的，這是教會的危機，是教會盛衰存亡的關頭，更是決定許多信徒對教會採取冷淡態度之永遠命運的關鍵。茲事體大，心所謂危，是寫作本書的用意。請讀者懇求聖靈的光照，幫助我們堅持愛護上帝教會的熱忱。

《第一節》
信仰、行為、歸屬感

幾年前我帶領一隊學生到以色列國觀光，恰巧一位猶太教的拉比（猶太教的牧師）也帶領一隊教友來此。我們在途中談論怎樣把我們的宗教傳給下一代的年輕人；這是任何宗教都要面臨的難題。拉比說：「我對年輕人強調我們猶太人團體有三項最基本的要素：信仰、行為和對猶太人團體的歸屬感，而這歸屬感則比信仰和行為重要得多了。」

「身為猶太人最首要的，乃是歸屬感，要感覺自己是歸屬於猶太人團體的一員，把自己的人生與猶太人團體的文化連接起來，把猶太人的團體作為個人生活的中心，這是第一。」

「比上述次要的，乃是行為：遵守猶太人團體的傳統，依照猶太人的傳統崇拜上帝，遵照猶太人團體待人接物的生活方式。」

「比上二者更為次要的，第三是信仰，接受猶太人團體一切的信條和真理。」

我聽了這一席話，便想到我自身基督復臨安息日會的團體來；我自己問自己：「信仰、行為、和歸屬感，那一項是最首要的呢？」以一般的本會信徒來說，信仰和行為都極為重要，很可能把它們放在最首要的位置上。

在本會的發展過程中，信仰和行為都佔著重要的位置。我們的信仰，具體的來說，就是真理，就是信條。說到真理，本會先鋒們把「現代真理，將之宣揚，不遺餘力。」本會的名字是以我們兩個獨特的信條——星期六為安息聖日和基督復臨——作為自己的標記。說到行為，我們十分注重品格的發展。許多非本會信徒都知道我們信條之中，如奉獻十分之一，不吃不潔淨的動物，不佩戴珠寶玉石、金銀首飾和遵守星期六為聖日等等，最為特色。

至於本會信徒對教會的歸屬感所佔的位置，有些時候很不容易決定是在那裏，因為它不像信仰或行為那樣明晰易見。也許有些本會信徒從來沒有想到「對教會是否有歸屬感」是怎樣的一回事。事實上，本會信徒對教會是有歸屬感的，不然教會絕不能延續一百五十多年之久。我們經常不斷地強調安息日、基督復臨和人死後景況的道理，卻少注意提出對教會的愛護或歸屬感的重要，這是教會目前的當務之急。

說到歸屬，辭海有幾項很接近的解釋：歸依是身心歸向的意思；歸附是歸向和依附；歸宿和歸屬很相近，是依靠和寄身的地方。有所歸屬，則身心有所寄託、安頓。

細讀新約聖經各位使徒的言論和書信，處處顯示信徒對教會的歸屬感，比信仰和行為重要（這絕不是說信仰和行為不重要）。首先，早期教會受大逼迫，但是由於信徒強烈的歸屬感，反而致令教會大大興旺。結果在耶穌升天後的兩百年間，教會把新約二十七本書收集起來，將之保存；我們後人今日才有新約全書（沒有教會便沒有聖經），可以念誦。

且看新約聖經的絕大部分是使徒們寫給多個教會的書信，討論教會合群生活的項目，教會成了信徒人生的中心。我們可以說：沒有教會，我們便沒有今天新約聖經的絕大部分。而且一切新約聖經的作者，沒有一個是以私人的名義寫成書或信的。他們都是以教會信徒的地位寫作的。新約聖經有許多主題，這些主題都與教會相關連，今用一個以救贖為主題為例：耶穌為我們罪人帶來救贖恩惠的時候，當然我們是先行與上帝和好，重新稱祂為阿爸，天父。同時，我們便被接進上帝的家裏來，這家就是「永生上帝的教會」（提摩太前書三章十五節）。

原來上帝造我們是有合群性的人，我們需要別人的幫助、鼓勵和友情。所以教會最基本的意義，並不是一座建築物，也不是一個組織或機關。教會乃是那些接受基督耶穌的人共同生活相處的團體；使徒約翰對救贖與人際關係的描述，是全本聖經中最為佳美的。他說：「上帝差祂的獨生子到世上來，使我們藉著祂得生，上帝愛我們的心，在此就顯明了……上帝既然是這樣愛我們，我們也當彼此相愛……我們若彼此相愛，上帝就住在我們裏面，愛祂的心在我們裏面得以完全了……上帝就是愛，住在愛裏面的，就是住在上帝裏面，上帝也住在他們裏面。我們愛，因為上帝先愛我們，所以我們愛上帝，也當愛弟兄和姊妹。」（約翰壹書四章九至廿一節）

這樣看來，耶穌為祂的信徒所設立的團體——教會——是與世界上任何團體大不相同。信徒在教會裏面過著品質最高的團體生活。他們在這團體中的人際關係，是要盡力回復（雖然還不能完全回復）上帝在創造時最理想的人際關係，更是要讓信徒預嘗將來天國裏和諧共處的生活。

原來耶穌把每一位接受救恩的人帶進教會的團契裏面，所以聖經絕對沒有把接受基督和加入教會當作兩回不同的事。這是一而二，二而一的同一件事。今日常有人問：「假如我不加入教會，我能不能做一個基督徒？我願意獨自與耶穌建立關係，這還不夠嗎？」也有人問：「為甚麼到教會赴聚會是那麼重要呢？我到大自然去獨自研讀聖經和與神交往，得益不是更多嗎？為甚麼要勉強到教堂去，聚會後感覺一無所得呢？」

假如把這些真心誠意的問題向使徒保羅或使徒約翰發出，我猜想他們要回答說：「對不起，我不明白這些問題的意思。」保羅說：「你們是基督的身體，又是這身體的一部分。」（哥林多前書十二章廿七節，照原文譯）。約翰說：「你們要彼此相愛，像我愛你們一樣」，彼此相愛乃是在教會裏面耶穌門徒的標記。

使徒們所強調的，就是說：「參加教會團體生活，是得蒙救贖過程裏面最主要的經驗；我們不能單單接受基督所賜的救贖，卻不願成為祂創立的團體——教會——的團員。路加醫生說上帝天天把得蒙救贖的人加給教會，叫他們在這個團體裏面與眾人恆心遵行使徒的教訓，彼此交接，擘餅和祈禱，過教會團體的生活。」（使徒行傳二章四十四至四十七節）

讓我們回到上述教會歸屬感的話題來。讀者和筆者，絕大多數不是猶太人。聖經的四十多位作者，除了路加醫生是希臘人之外，全是猶太人。聖經稱一切非猶太血統的人為外邦人。上帝愛外邦人，就像祂愛猶太人一樣，所以舊約時代的先知如耶利米和以西結，都預告外邦人要事奉上帝。耶穌升天後不久，上帝選召了保羅作為把福音傳給外邦人的使徒。啟示錄多次提到各國各族各方和各民，這就是包括了全世界的人口。

自從人類犯罪以後，世界上的居民四分五裂，沒有合一和諧共處的情景。種族之間，主人和奴隸之間，男性與女性之間，都有仇恨、爭鬥、嫌隙。但是當人接受了耶穌，歸屬教會之後，便「並不分猶太人，希利尼人（即外邦中的希臘人），自主的、為奴的、或男、或女，因為你們在基督耶穌裏，都合而為一，成為一體了。」（加拉太書三章廿八節，新譯本）

這就是說，救贖世人的工作到達巔峰階段的時候，上帝所創設的教會是全人類都被邀請參與和歸依的團體。這團體是基督的身體，以基督的聖名為標誌。所以嚴格地來說，沒有誰可以作一個不歸屬教會的基督徒。信仰和行為，都十分重要，但是歸屬於基督的教會，卻是最重要。

有一天，基督教會全體教友的人數，多得沒有人能數算過來。他們是從各國各族各民各方而來，站在寶座和羔羊面前，身穿白衣，手拿棕樹枝，讚美上帝，敬拜上帝。筆者誠心盼望讀者們都在這無數的人群中，永遠過著在基督團體裏的幸福生活。阿們！

《第二節》

上帝為我們所設立的教會

● 教會是聖靈所創立的團體

聖經提到聖靈許許多多的工作：祂參與創造世界的偉大工程；祂感動人書寫聖經；祂使罪人重生；祂叫信徒結出良善的果子；祂分別賜給信徒多種恩賜和才幹。在耶穌降世救贖人類的整個過程中，聖靈的工作更是多彩多姿。聖靈行了一個神蹟，童女馬利亞便懷孕，叫耶穌道成肉身，降世為人。耶穌的人生是最被聖靈充滿的人生。

自耶穌升天後，從使徒時代到今日，教會一切美好的特色，全是聖靈所賜予。其實教會裏面許許多多教友，原來都是性格參差不齊，沒有結合成為一個同心協力團體之可能的烏合之眾。他們只像一盤散沙，耶穌的十二個門徒不停地爭大，便是一個明顯的例子。

但是聖靈把這些拉雜湊拼而成的全無紀律的群眾，召來歸依，祂充滿生命活力和大能，叫這個稱為教會的組織得著內裏和外表的改變，成為一個生氣旺盛精力充沛的新團體。這個新團體以愛為旗，它的本質就是愛，不是人際關係的愛，而是基督那種獨特和超然的愛，「你們要彼此相愛，像我愛你們一樣。」（約翰福音十五章十二節）是的，教會是耶穌的身體，這一身體，是從耶穌那裏得來的身體。但是教會的生命和力量，卻全是聖靈所賜予的生命和力量。雅各書二章廿六節說：「身體若沒有靈（生命），就是死的（照原文譯）。照樣教會若沒有聖靈，也就是死的。」

●教會裏團體生活的重要

誦讀哥林多前書十二章廿七節，說：「你們就是基督的身體，並且每一個人都是這個身體的不同部分。」我們讀後會作這樣的結論：教友們有著不同的個性和不同的才幹，若能彼此幫助，互相補足，便可以一同共度集體的生活。這結論一點也不錯。但是保羅用全章說明教會是基督的身體，而教友是這個身體的不同部分，藏有更深一層的意義。保羅乃是強調一項十分重要的真理：身為基督徒的人，我們的生存是依附團體性的生存。換句話說，在教會裏作為教友過團體性的生活，是我們每一個人靈性生命中不可或缺的。

原來我們是基督身體的不同部分，我們的生活和存留在在需要其他部分的幫助和支持。沒有一個人，也沒有任何生物，能離開群體獨自生存，這是自然界生存的定律，這更是靈性上生存的定律。人若離開了教會，便有如被刀割，脫離了身體，完全失去了生命。任何信徒若要保持屬靈的生命，便必須在基督的身體裏面度合群的生活。我們置身在基督身體裏面，不單是培養個人靈性生命旺盛最佳美的環境，更是我們靈性生命能繼續生存下去獨一無二的途徑。

上述保羅的話語，還有一層重要的意義：加人教會，除了是信徒維持靈性生命最基本的要素之外，信徒屬靈的身分，也是從教會裏得來的。既然教會是耶穌的身體，教會一切的性格和特色，也就是耶穌的性格和特色；所以信徒加入教會之後，得着了這些性格和特色，就是「新造的人」（哥林多後書五章十七節），這就是我們的身分。

●在教會裏面團體生活的溫暖

我有一位在神學系念書時的同班同學，二十多年沒有會面和交往了。不久前我路經他居住的地區，找到了幾位昔日的朋友敘舊數小時內，細談往事，最後我聽他回訴他夫婦生命中最黯淡的一頁。他們遭遇（美國人）父母最提心吊膽的噩運，他們的女兒剛過了十八歲的生日，便死於車禍。他追念時悲痛已極，哽咽不能成聲。一位友人問他在這整個悲慘的遭遇中，有沒有人向他說些話，或做些事叫他夫婦得著慰藉？

他說；「有。這悲慘的消息傳到我家之時，是星期五下午安息聖日快到的時候。不知道這噩耗是怎樣那麼快傳開，我們教會的同道便紛紛到我家裏來慰問，整個晚上家裏坐滿了教會內的弟兄姊妹。他們竟然放棄安息日來臨後在自己家中享受安舒恬靜的氣氛，卻趕到我家來分擔我們的憂傷，輕省我們的重擔，叫我夫婦深受感動，滿得安慰和溫暖。」

聽了他這一席話，叫我領悟到使徒保羅所指出教會的一個重要功能，他說：「弟兄姊妹們，……你們要互相扶持，彼此分擔重擔，這樣才是遵行基督的律法。」（加拉太書六章一、二節當代聖經譯本）在教會團體裏面，任誰看見有人遭受苦難，便伸出同情和援助的手，分擔這人的苦難，這就是基督教會的特色。保羅說：「若有一個肢體受苦，所有的肢體就一同受苦。」（哥林多前書十二章廿六節）

保羅又說：「耶穌基督的父上帝，就是發慈悲的父，賜各樣安慰的上帝。我們在一切患難中，祂就安慰我們，叫我們能用上帝所賜的安慰，去安慰那遭遇各樣患難的人。」（哥林多後書一章三、四節）

這就是上帝對每一位基督信徒的要求，也是祂希望教會要保持這種藉基督大愛而生的大家庭溫暖。上帝先把祂的安慰賜給我們，祂期望我們把祂的安慰分贈給那遭遇各樣患難的人。

●上帝教會的三大特色

保羅把基督信徒的人生作出總結的時候，提及教會有三個特色：信、望、愛。這三個特色有十分廣泛的意義，我們且把信、望、愛的意義作如下詳細的分析。

□信

依照聖經使用「信」字，有好些不同的含意，略述如左：

信奉，相信：辭海解釋相信有聽從的意思。信奉，相信和聽從都有對象，以基督信徒來說，耶穌是我們信奉，相信和聽從的對象。耶穌藉著聖靈創立教會，所以教會把耶穌奉為信仰的中心。教會要宣揚耶穌的生，死和復活，把祂在世時的工作綿延到祂再來之日。

保羅說得十分中肯，他說：「你若口裏承認耶穌為主，心裏相信上帝叫祂從死裏復活，就必得救。因為人心裏相信，就可以稱義，口裏承認，就可以得救。」（羅馬書十章九、十節）

信靠：信靠比信奉和相信有更深一層的意義。教會裏面的每一個教友把目光注視在耶穌身上，祂是我們「信心的創始者和成全者。」（希伯來書十二章二節，一般譯本沿習「為我們信心創始成終的耶穌」，也很好。）所以從使徒時代直到廿一世紀的今日，千萬信徒肯為耶穌的緣故忍受逼害，甚至殉道也十分情願。得著耶穌為救主，便有了一切，這就是信靠的真意義。

信仰，或作原真信仰：有人稱上帝的真教會為使徒教會。這些使徒乃是與耶穌一同生活的十一位門徒，加上他們選出代替猶大的馬提亞和耶穌親自選召的保羅，這十三位使徒是當日教會的領導人。他們著書立說，敘述耶穌的生平和言論，他們修撰書信，訓誨多處地方教會，這些寫作成為教會原真信仰的基礎。使徒的權威是從耶穌而得，耶穌救贖人類的大業，純由這些著作揭示出來。這些著作就是真道和真理，薪火相傳，至於今日。

□望

教會不單只是信奉和信靠耶穌的團體，更是前途十分光明，大有希望的團體。不論是回顧往昔，或是前瞻未來，教會都可以滿懷美好的盼望。我們知道這個罪惡世界的歷史快將結束，當上帝的國度來臨之日，上帝最初為人類所定的計畫，便要全部實現，這真是最佳美的盼望。

製作電影片子的商人，為一部快將在各大電影院公映的電影片作宣傳廣告的時候，常常採用所謂「祕密窺看」的玩意兒，把這部影片最吸引人的一小部分放映出來，吸引觀眾。兩千年前耶穌到世上來，祂的說話行事，叫我們生活在被罪惡污染的世人，可以窺見將來天國盡善盡美的景象，得以先睹為快，殊足令人鼓舞。原來耶穌到世上來，首先把上帝恩典的國度建立起來；耶穌復臨的時候，便再在人間建立起祂榮耀的國度。換句話說，基督信徒對將來一切純善至美的盼望，是建立在確鑿無疑的歷史事實──耶穌生平──的穩固基礎之上。萬王之王已在兩千年前首次臨格，祂第二次的來到和立國必是為期不遠了。保羅說：「我們若信耶穌死而復活了，那已經在耶穌裏睡了的人，上帝也必將他與耶穌一同帶來。」所以耶穌的復活，乃是我們將來必定復活的保證。我們更可以這樣說，死人復活這一件事情，已經開始實現了。耶穌已經打敗了死亡的權勢，祂回來的時候，要把死亡廢去。（引用帖撒羅尼迦前書四章十四節）

我們信徒既有這至好的盼望，我們對今日的世界，便要另眼相看，這「另眼」就是耶穌所強調的一項真理。耶穌：「我的國度不屬這世界」，信徒「不屬世界，正如耶穌不屬世界一樣。」以世界來說，我們信徒應當是局外人，我們雖然住在這個世界裏，這世界卻不是我們的歸宿。為此，舊約時代的多位先聖先賢如亞伯、挪亞、亞伯拉罕、以撒、雅各，他們看自己在世界上不過是在異地暫時寄居，住在簡陋的帳棚裏，又是短暫時候的過境客旅。他們羨慕一個更美的家鄉，他們在尋找這個家鄉，他們更是在等候上帝為他們所預備有根基的那座城邑。他們藉著信心，便從遠處望見那座城。（見希伯來書十一章）

有了這榮美的盼望，我們信徒便不追求屬世的權力和財富，也不至被世俗的娛樂所迷溺。我們等候救主榮臨，想望將來，進入永久居住的天家。

□愛

我們來到教會三大特色中最後，更是最重大的和最重要的特色——愛，因為這就是上帝自身的性格。上帝不需要信奉信靠或信仰，祂也不需要為自身去盼望一個美好的將來。聖經裏面有沒有比「上帝就是愛」更純全或更佳美的主題。難怪保羅說：「如今常存的有信、有望、有愛，這三樣，其中最大的是愛。」（哥林多前書十三章十三節）

教會是一個建立在愛的基礎上的團體；沒有上帝的愛和耶穌的愛，教會便不可能存在。就是為了這個獨特的質素——愛——世界上沒有任何團體能與教會相提並論，或同日而語。有了上帝的愛為基礎，教友與教友之間的關係乃是「彼此相愛」的關係。

信徒也許可以獨自信奉和信靠上帝，或獨自盼望天國的來臨；但說到愛，「彼此相愛」，卻不是獨自個兒的事。上一段討論教會裏團體生活的溫暖，曾提及分擔別人的苦難和重擔（十八歲女兒車禍喪生一事）。耶穌乃是分擔別人苦難最完美的榜樣。我們信徒今日分擔別人的苦難和重擔，乃是步武耶穌善美的工作，是耶穌的愛的具體表現。

教會是以愛為基礎的團體，除了分擔別人的重擔之外，信徒更要救助別人的需要。

保羅說得十分中肯：「有了機會，就當向眾人行善。向信徒一家的人更當這樣。」（加拉太書六章十節）使徒時代教會裏有窮人也有富人，「那許多信的人，都是一心一意的，沒有一個人說，他的東西有一樣是自己的，都是大家公用，……內中也沒有一個缺乏的，因為人人將田產房屋都賣了，把所賣的價銀拿來，放在使徒腳前。照各人所需用的，分給各人。」這更是耶穌的愛的具體表現。

最後，教會又是一個彼此饒恕的團體。我們信徒能樂意饒恕得罪我們的人，可說是到達了基督精神最高的境界。有一位神學家說：「饒恕人是愛人最高的表現」。教會應當是一個彼此饒恕的團體，因為每一位教友都是被上帝饒恕過的人。耶穌給我們帶來的福音乃是說：上帝饒恕我們，祂不惜任何代價救贖我們，叫我們重新得回作上帝兒女的身分，所以我們便要樂意饒恕別人。

新約聖經屢次強調這一則真理：我們是被上帝饒恕的罪人，我們便須樂意饒恕得罪我們的人。耶穌教導我們禱告，說：「饒恕我們的債，好像我們已經饒恕了欠我們債的人。」（照原文譯）保羅說：「並要以恩慈相待，存憐憫的心，彼此饒恕，正如上帝在基督裏饒恕了你們一樣。」（以弗所書四章三十二節）保羅又說：「倘若這人與那人之間有抱怨、糾紛、不和，總要互相寬容，彼此饒恕；因為主饒恕了你們，你們也要照樣饒恕別人。」（歌羅西書三章十三節綜合譯）

說到饒恕人，或說樂意饒恕得罪我們的人，是直接違反有罪人類與生俱來的本性和自然的傾向。可惜得很，有好些悔改信主的人，要他們饒恕人真是談何容易，正是「難於上青天」。有人對我不起，我的自然反應就是報復，「以惡報惡，以牙還牙。」就算一位基督徒能勉為其難，饒恕了別人，但是若經一、兩次饒恕了人，便感覺仁至義盡，心想若要繼續饒恕下去，豈不是向人示弱，被人得寸進尺，佔盡便宜嗎？

根據這樣的推理，是否恰當呢？使徒彼得有十分崇高的標準。他問耶穌說：「主阿，我的弟兄得罪我，我當饒恕他幾次呢？到七次可以嗎？」耶穌的回答，指明彼得的標準一點也不夠高。祂說：「我對你說，不是到七次，乃是到七十個七次！」耶穌的回答並不是說饒恕人四百九十次為限，可見彼得所說的七次是太低了。耶穌乃是說，真實的饒恕，是不限次數的；這與保羅說真實的愛是「不記錄別人的惡」，有異曲同工之妙。

自然，耶穌饒恕人為我們立下了最高的榜樣，祂樂意饒恕那班殺害祂的暴徒——祭司長、文士、羅馬兵丁和那些喊叫「釘祂十字架」的群眾，其中有好些曾被祂醫治卻是忘恩負義的人。

這種以愛為推動力的饒恕，絕不是消極的饒恕。有些人很幸運，得著與生俱來慷慨大量的好品性。若被朋友佔了一些小便宜，借去一兩百塊錢，無意償還，能說：「算了罷！學了一個教訓，下次不要借給他。區區小數，不要計較，饒了他罷。」宋代西溪叢語：「蔡州有道人，善棋。凡對局，輒讓人一先；有詩云：『自出洞來無敵手，得饒人處且饒人。』不要逼人太甚，做事不要做絕，留一些餘地。」以沒有基督福音的人來說，這種涵養工夫，已是難能可貴，叫人十分敬佩。這就像西洋人的諺語所說：「把已經過往的事，成為過往的事好了，不要斤斤計較！」（辭海說斤斤計較是連一件芝麻小事都要加以計算較量）

但是基督福音要信徒饒恕人，與「得饒人處且饒人」，或「把已經過往的事，成為過往的事，不必斤斤計較」是大不相同的，是極度積極性的饒恕精神。且看年老的保羅在監獄裏幫助一位名叫阿尼西母的罪犯接受耶穌為救主，加入早期的教會。阿尼西母的身世十分可憐，他不單是一個奴隸，因他從主人腓利門家逃走，所以在當時有奴隸制度的社會裏，他是個罪犯。腓利門也是保羅所幫助成為基督信徒的人，他更是保羅親愛的朋友，保羅稱他為親愛的同工。保羅寫信給腓利門，請求他饒恕阿尼西母，不但只把阿尼西母再收納回來，更要把這個曾一度違法逃亡的罪犯，不要看作是罪犯、奴隸，而是教會內親愛的弟兄。這就是基督饒恕精神獨有的積極性。

換而言之，基督福音的要求十分高，信徒要收納那些得罪我們的人，與他們一同在教會裏面成為兄弟姊妹，成為基督身體裏互相親愛的肢體。福音有這樣在人看來好像是高不可攀的要求，福音卻供給我們去滿足這極高要求的力量。這力量就是基督的愛所產生的力量。保羅說：「原來基督的愛激發我們（催逼，聖經新譯本）」。結果，在教會裏面主人和奴隸是平等如兄弟，得罪人的和被得罪的，都在耶穌的愛裏一同事奉上帝，相敬相愛，互助互諒，彼此聯絡，一團和氣，這就是教會到達在地若天的美景。阿們！

《第三節》

信徒心目中三個教會的比喻

● 一、基督的軍隊

我十歲的那一年，參赴教會舉辦的帳棚大會，每當高唱以軍兵和戰鬥為主題的詩歌的時候，少年時期的男童最為感覺興奮。茲以「基督精兵」為例：

信徒如同精兵，爭戰向前行，
十字架為旗號，在前導我程！
基督乃是君王，領我攻敵營，
故當仰望麾旗，前行入戰場。

教會在此寰宇，行動猶軍旅，
弟兄奮力前趨，緊跟先聖步；
我眾決不分裂，我眾是一體，
希望信仰無二，愛心亦惟一。

披讀舊約聖經的出埃及記、民數記、約書亞記、士師記、撒母耳記上下、列王紀上下、歷代志上下，通篇滿了戰事的描述。更有人說全部舊約歷史中最顯赫的人物，是畢生從事戰鬥生涯的大衛，他與歌利亞一決雌雄，相信是全本聖經中最膾炙人口的故事。

聖經兩本主要的預言書——但以理和啟示錄——多處記載猛烈的爭戰。當善惡之爭終結的時候，上帝永遠的國度便即來臨，耶穌要騎在一匹白馬上，帶領天上眾多的軍隊打敗敵人（見啟示錄十九章十一至廿一節）。

保羅在以弗所書第六章提及當日羅馬國士兵身上佩帶的武裝，引以為喻，教導基督信徒怎樣為屬靈的戰爭配備自己說：「要拿起上帝所賜的全副武裝……用真理束腰，以公義當作護心鏡遮胸，穿上和平福音的鞋子準備行動。此外，又要拿穩信心的盾牌，抵擋魔鬼的烈燄火箭，更要戴上救恩的頭盔，緊握聖靈的寶劍……。」

一支軍隊是我們常常用來形容地上教會的第一個表號。

●二、救靈的商號

有些信徒感覺教會有如一個商業的機構。這一點也不奇怪，翻看以賽亞書第五章一至七節，大意是說上帝揀選以色列民族，就像一位農夫投資在肥沃的地土上建立一個葡萄園，希望盛產葡萄，很有農耕和貿易的意味。耶穌所講多個比喻中，似乎有一半是與農人或商人尋求經濟上的利益有關。這些比喻，強調每一個人都要向上帝交賬，最好的例子就是按才幹受責任的比喻：

「天國又好比一個人要往外國去，就叫了僕人來……一個給了五千銀圓，一個給二千，一個給了一千，就往外國去了。那領五千的，隨即拿去做買賣，另外賺了五千，那領二千的，也照樣另賺了二千……。」（馬太福音二十五章十四至十七節）

我們復臨信徒，會對教會有如商業機構的看法。在英語系的國家裏，教友們稱教會一切的活動為「工作」，稱教會聘用的牧師、傳道士、各部門的幹事、司庫、醫師和護士等等人員為「工人」，彼此建立「同工」的關係。教會的職員會議是「工人會議」。華人信徒都知道安息日學收集頗有商業行為意味的「生利捐」，用以支持各樣事工。我們口唱詩歌，有些充滿農家歡欣收割的詞句，云：「禾捆收回家」，「舉目觀看遠近田地，莊稼充盈已成熟」，或「趕快工作，夜將臨」，都有為耶穌勞力，推進上帝聖工的意義。教會公報常有全球什一捐和受洗人數的統計數字報導。

全球總會執行委員會年前通過一項很重要的議案，定名為：「對上帝的託付完全盡忠宣言」，內容是上帝託付教會的工作和任務，我們必須全力以赴，以便向上帝圓滿地交賬。教會的每一位教友、受薪的職員和一切機關的領導人，要查驗自身在靈程上的進度。各個地方教會和各個機關要列出培養靈性，促進增長的計畫，和審查這些計畫是否有收效的方法，務使教會達到上帝的期望。世界上有不少商業機構也採用類似的方法，去增加經營的效能。

●三、上帝的家庭——家，甜蜜的家

這是三個教會比喻中最完美的一個。在我人生中有一個晚上是我感覺最靠近天國的時刻。是在某一次夏天帳棚會最後一晚的聚會，主講人是「預言之聲」創辦人利查士牧師。對我來說，利查士牧師的講道是最能感動我的講道；那天晚上他向帳棚會裏擠得滿滿的弟兄姊妹，應許要在新耶路撒冷城內的某個地區裏與他們會面。為甚麼他的講道叫我聯想到上帝甜蜜的大家庭呢？因為他的講道是從他與上帝親密的聯繫經驗而講；更感動我的，就是他在講道前後的禱告。當他禱告的時候，他和上帝好像是同在一個小小的房間裏，彼此十分靠近，叫聽著他禱告的人也都像他那樣與上帝十分靠近。是的，他講道的時候，上帝便藉著他的話語在我們心裏說話，我們都感覺被帶引進入上帝巨大卻是親密的家裏來。

聖經沒有直接用「軍隊」或「商業」作為教會的表號，然而「家」呢？保羅曾強調這一表號，說：「這家就是永生上帝的教會」（提摩太前書三章十五節）。家庭成員——父母、夫妻、兒女、兄弟、姊妹——是倫理中最親密的關係。

舊約聖經中有些詞句，叫我們讀了，心中感覺無限的溫暖：「耶和華阿，你是我們的父親」，「父親怎樣憐恤他的兒女，耶和華也怎樣憐恤敬畏祂的人。」耶穌更教導我們禱告，說：「我們在天上的父」。原來上帝創造了始祖亞當和夏娃，人類便是上帝的兒女。可惜始祖犯罪，失去了兒女的身分，成為上帝的仇敵。感謝主耶穌基督，藉著祂主動地為我們的得救，在十字架上捨命，我們便再度得回上帝兒女的身分。可見我們完全是在耶穌裏得回這個尊貴的身分，所以耶穌在復活那一天對馬利亞說：「我要升上去見我的父，也是你們的父。」（約翰福音二十章十七節）我們信徒能置身在這位仁慈為懷父親的家裏，得回兒子或女兒的名分，是最幸福不過的。

在天父的大家庭裏面，人與人之間，團結一致，人人平等。古時，在地中海一帶的社會裏，階級繁多，所以保羅一再申述在上帝家裏，人人平等，沒有階級的存在。他說：「你們大家都藉著信，跟基督耶穌合而為一，成為上帝的兒女……不再分猶太人或外邦人，奴隸或自由人，男人或女人；在基督的生命裏，你們都成為一體了。」（加拉太書三章廿六、廿八節，現代中文譯本）新約聖經多次用「兄弟」一詞稱呼早期教會裏的同道，不少新譯本把它譯作「兄弟姊妹」，更為妥善，因為早期教會有許許多多婦女，是教會中很重要的成員，熱心事主，不比男性信徒遜色。

本會早期的信徒對教會也照樣有極強烈的家庭觀念。他們稱呼同道為「兄弟」或「姊妹」，而不用「先生」、「夫人」或「女士」等社交詞語，以示親切。就是今日在西方文化地區裏，教友們仍舊多用「懷姊妹」一詞去稱呼懷愛倫夫人，又用「長兄」一詞稱呼教會所封立的牧師。

為要保守我們，叫我們得著照顧和撫養，更是為著我們最大的幸福，上帝設立了教會——家，甜蜜的家，叫我們藉著這地上的家，去預嘗將來天家的福樂。惟願親愛的讀者熱愛上帝的家（請參看這本書第二卷的第二節論對教會的歸屬感），使這一個家日興月盛，直至救主來臨。阿們！

《第四節》崇拜聚會——上帝的臨格

攀登西乃山，是畢生難忘的樂事。我和九位中學生乘車離開埃及國的首都開羅城，橫過酷熱的沙漠，來到西乃半島的一所小旅店投宿。次日凌晨一時半侍役敲門，催促我們起床。各自喝了一杯熱牛奶，便乘車趕到西乃山的腳下。我們一行十人，跟隨一位年輕的導遊，開步向著峰頂攀登。

在漆黑的夜間，空氣和暖，山徑的傾斜度漸大，攀登更覺吃力。沿途不時看見跪在地上的駱駝，駱駝的主人向我們輕聲探問：「要不要乘駱駝登山」？不久，我們經過著名的聖喀德蘭修道寺院，遇見一群在路旁歇息的遊客。因為月亮已經下沉，我們所能看見的，只有路上的石頭和天空的星宿。

我們攀了兩小時，到達歇腳之處，休息數分鐘，從此手足著地向上爬行。這條路是從懸崖峭壁鑿出來的石級，狹窄得很。再往上攀，經過一所基督教東正教派建造的會堂，便到達了西乃山的頂峰，名叫「摩西峰」。站在這巍高的峰頂，可能叫人發生感覺，以為與上帝的臨格靠近多了。有一位宗教歷史家曾到這峰頂來，他極度興奮地說：「站在摩西峰頂上觀看日出，正像在上帝創造世界時我竟然身臨其境一樣！」

我們在漆黑中等待了一小時，太陽快將出現了。首先見到一道微弱的曙光，叫天上眾星的亮光由減弱而熄滅；過一會兒，黎明的光線，漸漸照在下面的山谷間，我們便看見四周圍的景象，才知道我們所站立的峰頂只有數十尺寬，沿峰頂的四周，向下俯瞰陡落千丈，驚險萬分。所看見的，盡是荒野禿山，沒有一棵青綠的樹木。

就在這時，我便追想到數千年前，古代以色列民眾被拯救出離埃及，走乾地過紅海，天天吃天賜的食糧——嗎哪，喝從磐石湧流出來的水。出埃及後滿了三個月，他們便來到西乃山下安營。這新的環境叫這一群在埃及為奴之地出來的二百多萬群眾大感驚訝。原來他們生長在埃及國尼羅河三角洲地帶，從來沒有看見過山。他們來到這裏，四周圍全是高山，象徵著上帝的威榮，他們快要迎接上帝的臨格了：

「到了第三天早晨，在山上有雷轟、閃電和密雲，並且角聲甚大，營中的百姓盡都發顫……西乃全山冒煙，因為耶和華在火中降在山上，山的煙氣上騰，如燒窯一般，遍山大大的震動，角聲漸漸的高而又高……。」（出埃及記十九章十六至十九節）

當然，今天我們到教堂來赴崇拜聚會，絕不期望經受古昔以色列人在西乃山下畏懼惶恐驚心動魄的經驗。我們只希望在崇拜聚會中，重新得著上帝深切愛我們的保證。我們若把上列經文偶爾閱讀，也許會感覺上帝臨格，伴隨著的烈火、濃煙、雷轟、地震，可能有點兒過分；難道上帝要人在祂面前驚惶失色嗎？我們想：上帝沒有這樣的意圖。

但是我們若細心咀嚼這段經文，便知道當日以色列人在西乃山下，深深察覺上帝優越和超人的性格，這也就是我們廿一世紀信徒坐在教堂崇拜聚會中所希望和祈求要察覺得到的。近日全世界的基督教（天主教、東正教和改正教）被捲入一道熱潮裏面，要在教堂的崇拜聚會各項儀式中得著更豐盛的意義。有些教會把崇拜的節目戲劇化，或直截了當地加插一兩幕劇。也有在唱頌讚詩歌或彈奏音樂時，加上鳴鑼擊鼓和十分響亮的樂器，用以增進熱烈的氣氛。有些教會在編排崇拜的節目中，盡力使每位信徒都有機會參與，叫人人可以在聚會之中與上帝相會。

某些基督教派古代崇拜的儀式既複雜又冗長，被後人簡化了。近日為要吸引信徒參赴崇拜，多有「復古」之舉。原來這些複雜和冗長的儀式含有豐足的神祕色彩，能以吸引人。雖然沒有聖經的根據，這神祕的因素卻有很大的吸引力；因為許多信徒到教堂來參赴崇拜聚會，渴想要與上帝相會。基督復臨安息日會的信徒來參赴崇拜聚會，也有同樣的渴望。

數年前美國有些本會的會堂改變和革新崇拜聚會的節目，互相爭論，引起一場風波。但是數年後的今日，連「保守派」的本會教堂也多有改變或革新崇拜節目的。他們深信今日基督復臨安息日會最需要的，乃是信徒靈性上的奮興。他們以為把崇拜的儀式革新了，便能使信徒得著靈性的奮興。

追溯本會的崇拜聚會儀式，我們便知道為甚麼它顯出優美的單純和毫不複雜的特色。發起復臨運動的威廉米勒爾原是浸信會信徒中的一位農夫，早期的復臨信徒多的是長老會循道會等改正教派會友。這些教派的信徒都不喜歡人為和沒有聖經根據的複雜崇拜儀式，或帶神祕色彩的禮節。為此，本會的崇拜聚會是以證道、禱告和頌讚為主。

基督復臨安息日會十分重視聖日的崇拜聚會。因為本會信徒耳熟能詳的三位天使訊息，第一位天使說：「應當敬拜（原文敬拜和崇拜是同一個字）那創造天、地、海和眾水泉源的。」（啟示錄十四章七節）此外，有位神學家說：「全本聖經的主題就是敬拜上帝」，立言十分中肯。真誠實意敬拜上帝的人，乃是把上帝尊為自己所摯愛和依從的對象。就如耶穌所說的：「那真正敬拜（原文）父的，要用心靈和誠實敬拜祂。」（約翰福音四章二十三節）該隱殺死亞伯，是為著敬拜問題而引起的。他不肯依從上帝對敬拜事上的吩咐。這是舊約聖經開宗明義的一個故事。舊約聖經最後的一本是瑪拉基書，提及上帝的子民娶敬拜外邦假神的女子為妻。創世記和瑪拉基書之間，充滿了以色列人敬拜真神上帝或敬拜邪神偶像的史蹟。

新約聖經也多有論及敬拜上帝的事。如上所述，耶穌暢論敬拜的地點和意義，便是一個顯著的例子。在耶穌到達祂工作頂峰的時候，便帶著勝利和凱旋的氣氛，騎驢進入京城耶路撒冷，潔淨聖殿。原來古時的聖殿乃是罪人與上帝相會之處，聖殿乃是象徵耶穌的身體，罪人能與上帝相會，全是靠賴耶穌的功勞。希伯來書和啟示錄是以敬拜上帝為主題的；保羅寫信給哥林多城的信徒，教導他們怎樣舉行敬拜上帝的聚會。

本會近年對崇拜聚會重新注視，是再好不過的事。一個能使會眾大得助益和大有收穫的崇拜聚會，有三個重要的因素：

（一）在崇拜聚會中，人人都能參與，人人都能有分：一切崇拜聚會的節目，特別是講道，必須能滿足大多數在座信徒靈性上的需求。為此，人數眾多的教堂，分別舉辦青年、孩童、慕道友等等的崇拜聚會。又如在美國或加拿大的華人教堂裏，分別有華語和英語的崇拜聚會（有些信徒感覺一句一句地翻譯有打斷思路，未能一氣呵成的弊病）。

在任何集會中，若只有一部分人參與，其他人只能袖手旁觀，這是十分不合理想的現象。此外，教會中成年和年長的信徒，因為他們出錢出力組織教會，會生發「教會是他們的教會」的觀念，便感覺崇拜聚會應當迎合他們的口味；又認為他們肯慷慨地容讓青年和少年一同敬拜，已是了不起的寬宏大量。這種態度叫教會不能達到人人參加，人人有分的目標。

（二）我們應當在崇拜聚會中，察覺和體驗上帝的偉大，和祂的臨格，又感到我們是在這位全能的主宰面前敬拜，這才是我們敬拜上帝在靈性上到達最高的境界。為甚麼說敬拜上帝最高的境界，乃是信徒察覺上帝的偉大和祂的臨格呢？這是因為耶穌給我們極佳美的應許，說：「無論在那裏，有兩三個人奉我的名聚會，那裏就有我在他們中間。」（馬太福音十八章二十節）我們在安息聖日到教堂來敬拜，有二十、三十人，二百、三百或更多的人，上帝的臨格便在我們中間。用最單純的話語來說，受造的人類，能在敬拜聚會中與創造我們的主相會，這實在是信徒靈性上到達最高的境界。

我們受造的人類，通常很少察覺自己在宇宙中，是多麼的微小，多麼軟弱無能。我們自稱是萬物的靈長，特別是在科學昌明的時代，竟能登陸月球。但是我們若細細地想一想：創造人類，創造地球，創造千萬條銀河組成的宇宙，這一位創造的主宰是多麼偉大，多麼沒有極限的神，竟然主動地紆尊降貴，親臨在我們信徒中間，我們能不肅然起敬嗎？

本卷作者說我們信徒到教堂來敬拜上帝的時候，腦子裏面應當充滿了上帝是怎樣偉大的思想，他用一個英文字（Transcendence），含義十分豐富，不容易找到一個中文詞語完全表達出來，所以在此把韋氏國際大辭典的釋義列出如下：超越、優越、凌駕、優於、勝於、超卓、至高無上、出類拔萃，超知識的、超出人類知識範圍的和非常人所能了解明白的。

這個字把上帝與世人之間的無限距離，描述得淋漓盡致，暢達詳盡。當然，聖經也有兩處更美好的描述：

（甲）耶和華說：「我的思想，不同你們的思想，我行事的方法，也不同你們的方法。天是怎樣高過地，我的方法也同樣比你們的方法高明，我的思想也是同樣的比你們的思想高超。」（以賽亞書五十五章八、九節，當代聖經譯本）

（乙）保羅暢談上帝超越的智慧，大受感動，情緒沸騰到達高潮，便改用詩歌體形容上帝莫測的智慧：「深哉，上帝豐富的智慧和知識！祂的判斷，多麼難測，祂的蹤跡，多麼難尋。誰知道祂的心？誰作祂的顧問？」（羅馬書十一章三十三、三十四節，當代聖經譯本）

在此，應當再說一次：我們信徒每安息聖日到教堂來敬拜上帝的時候，腦子裏面必須充滿了上帝是怎麼樣偉大的思想。我們前來敬拜，是與神聖的主宰相會。所以每一次的敬拜都有特別的感覺，每一次的敬拜都是日常生活中十分罕有和奇特的經驗。這種感覺和經驗，不單如前文所說的肅然起敬，卻更能使我們的敬拜不流入膚淺或空虛的境地。真實的敬拜，除了使我們確實知道上帝是沒有限度地比我們高超，卻也同時叫我們察覺祂是與我們極度地接近。從神學的觀點看來，這位高高在上，天地間全能的主宰，卻同時也是住在我們心靈裏面的恩主。

聖經記載古代信徒在不同的情況下與上帝相會。雅各睡覺，從夢中醒過來，把作枕頭那塊石立作柱子，澆油在上面。他說：「耶和華真在這裏，我竟不知道。就懼怕說，這地方何等可畏，這不是別的，乃是上帝的殿，也是天的門。」日後，上帝從燒著的荊棘林中向摩西說話，叫他很覺驚奇。

先知撒母耳說大衛坐在耶和華面前，好像說大衛十分喜愛與上帝為友伴；上帝在聖殿裏，大衛也喜歡在那裏和上帝相會。摩西和上帝面對面說話，正像人與朋友說話一樣。上帝親自稱亞伯拉罕為「我朋友亞伯拉罕」（以賽亞書四十一章八節）。當然，主耶穌在世時，經常在日出之前起來，到幽靜無人之處，獨自與上帝交往。

先知以賽亞與上帝相會的經過，給我們信徒帶來極美好的訊息：

「當烏西雅王崩的那年，我見主坐在高高的寶座上，祂的衣裳垂下，遮滿聖殿。其上有撒拉弗侍立，各有六個翅膀，用兩個翅膀遮臉，兩個翅膀遮腳，兩個翅膀飛翔。彼此呼喊說：聖哉，聖哉，聖哉，萬軍之耶和華，祂的榮光充滿全地！因呼喊者的聲音，門檻的根基震動，聖殿充滿煙雲。」（以賽亞書六章一至四節）

請看看先知以賽亞有甚麼樣的反應？「那時我說：我有禍了！我滅亡了！因為我是嘴唇不潔的人，又住在嘴唇不潔的民中。又因我眼見大君王萬軍之耶和華。」我們在安息日到教堂來敬拜，置身在全智全能上帝臨格之際，自然而然便會感覺自己是怎樣的微乎其微，更是可憐可鄙的罪人；因為我們的罪過，也許比「嘴唇不潔」嚴重得多了。

今日的世代，是一個十分世俗化的世代，這就是說，大多數人所喜歡的神，是不大理睬世人，任由世人自由自主的神，但又是絕不與世人相會的神。但是對閱讀本書的信徒來說，上帝誠懇地渴想與信徒相交、相會。當然，我們到教堂來與上帝相會，不會眼見或耳聞上帝威嚴赫怒的形狀或震耳欲聾的巨響。但是我們憑著信靠上述耶穌要到我們聚會的中間來的應許，便確實知道上帝臨格在我們中間。像往昔以利亞先知所說：「上帝不在颶風、地震或烈火中，卻是在微小的聲音中。」

是的，我們從以賽亞先知與上帝相會的經驗中，知道上帝樂意赦免我們的罪過。換句話說，敬拜上帝，與祂相會，我們的氣質將必變化，叫我們絕對不能依然故我，毫無改變。感謝天父！

（三）為要使信徒在聖日來參赴崇拜聚會能夠大得助益和大有收穫，除了人人都能參加，人人都察覺和體驗上帝的偉大和祂的臨格之外，還有第三個重要因素，就是叫信徒自然而然地聚精會神，把注意力集中起來。

近年來，宗教界學者研究的結果，發現不論年齡大小，我們生來便喜歡聽故事，喜歡聽或看有情節引人入勝的敘述，這是人類天生的本性。創造人類的主耶穌，深明世人這種心理，所以在祂多次的講道中，用比喻教導聽眾，每一個比喻，就是一個故事，試看十個童女迎接新郎的比喻，按才幹分銀子的比喻，僕人欠王帝一千萬元的比喻，做一小時工作卻得全日工資的比喻，法利賽人和稅吏在聖殿禱告的比喻……多得不能盡列，都是情節十分吸引聽眾注意力的故事。此外，在耶穌最感動人心的浪子比喻裏：浪子的放蕩、饑餓和走投無路的慘況，父親的慈愛，哥哥的冷酷無情，在在都把人類實際生活中的真相，藉著故事的情節，描述出來。

為此，負責主持聖日崇拜的人最好把合適的敘述和故事的情節，加添在崇拜的節目中。首先，我們若引帶聽眾察覺上帝的偉大和祂在我們聖堂中臨格，我們是在此處與祂相會，這要為到來崇拜上帝的人，帶來活躍和真實的經驗。這樣的崇拜是有生命和活力的。此外，在兒童故事的一項節目中，往往成年和年長的聽眾，也一同得著助益。當然，在講道中若有合適的敘述和故事的情節，聽眾得益更大。上面所提「合適」一詞，極為重要。因為所敘述的事情，所採用的故事，若是單有娛樂的價值，甚至像許多兒童書籍裏的故事，只帶來些微道德的教訓（如叫人要誠實），此外卻無對靈性上有任何助益的，便是不合適在講道和崇拜聚會採用的故事。且引聖經裏的一個實例來說明「合適」故事的性質。

先知以賽亞在聖殿中的經驗，是一個「合適」故事的好例子。在他承認自己的罪過——嘴唇不潔——後，「有一位撒拉弗飛到我跟前，手裏拿著紅炭，是用火剪從壇上取下來的。他將炭沾我的口，說，看哪，這炭沾了你的嘴，你的罪孽便除掉，你的罪惡就赦免了。我又聽見主的聲音，說：我可以差遣誰呢？誰肯為我們去呢？我說：我在這裏，請差遣

我。」（以賽亞書一章六至八節）

敘述先知以賽亞這一經驗，是從一個階段移進到另一個階段裏。首段敘述開始的時候，他驚訝萬分，深感自己罪身的可怕。在下一個階段裏，他得蒙洗滌潔淨，領受天上來的能力。在結尾的階段裏，他樂意被上帝差遣。這就是「合適」故事或敘事的體裁，有吸引聽眾注意力的生動情節，聽眾會預期下一個階段的發展，又有令人緊張和叫人焦急的作用，更有完美的結局。

故事和敘述在舊約時代的崇拜中，佔有很重要的位置。申命記提及一位希伯來人依照摩西的教導，把一籃初熟的果子帶到耶和華的壇前。這段故事的內容，聖經有如下的陳述：

> 我祖父原是一個將亡的亞蘭人，下到埃及寄居。他人口稀少，在那裏卻成了又大、又強，人數很多的國民。埃及人惡待我們，苦害我們，將苦工加在我們身上。於是我們哀求我們列祖的上帝，耶和華聽見我們的聲音，看見我們所受的困苦、勞碌、欺壓。祂用大能的手，和伸出來的膀臂，並大而可畏的事，與神蹟、奇事，領我們出離了埃及。將我們領進這地方，把這流奶與蜜之地賜給我們。耶和華阿，現在我把你所賜給我地上初熟的土產奉了來。（二十六章五至十節）

新約時代早期基督信徒崇拜的時候，也多講述耶穌生平中的故事。在保羅教導哥林多城信徒怎樣舉行聖餐禮的時候，他說了一個故事：

「主耶穌被賣的那一夜，拿起餅來，祝謝了，就劈開，說：『這是我的身體，為你們捨的。你們應當如此行，為的是記念我。』飯後，也照樣拿杯來，說：『這杯是用我的血所立的新約；你們每逢喝的時候，為的是記念我。』你們每逢喫這餅，喝這杯，是表明主的死，直等到祂來。」（哥林多前書十一章廿三至廿六節）

就是在二十一世紀的今日，講述耶穌生平的故事，應當是我們崇拜（特別是講道）最主要的部分。當然，舊約聖經也有許多合適和動人的故事，足夠我們使用。此外，日常生活中也有許多合適和動人情節的真實經歷，可以充實我們崇拜的內容。

寫到這裏的時候，收到全球總會傳道協會的定期刊物（像華安聯合會出版的「傳道者」），對崇拜聚會有一些精粹的講論，在此摘要選錄，與讀者分享。

本會在美國加里福尼亞州的羅馬林達大學裏，一位宗教科教授領導「公共崇拜」科的一班學生，分派他們在安息日和星期日到數十所不同宗派的教會參赴崇拜聚會，觀察為甚麼有些信徒從崇拜聚會中獲益很大，而有些人卻似乎一無所得。這班學生經細心觀察和研究之後，作出兩個結論，這兩個結論，都與崇拜聚會之前的準備有密切的關係：

●一、信徒到教堂來崇拜前的心理準備

我們到教堂來崇拜，就是要敬拜上帝，親嘗上帝臨格的美善。信徒若有這正確的觀念和態度，心理上的準備可以說是妥善的、完好的。

以美國本會和別的教派信徒來說，要作妥善的心理準備，還有一個大障礙，這個大障礙，可以稱之為「顧客態度」。美國的商人，以討顧客的歡心著名。有些沒有良好品格的顧客，在大公司買一襲名貴的衣服，穿了幾個星期，回到公司說不喜歡它，要退貨取回買價，司空見慣，是真有其事的。商人為討好顧客，盡力遷就顧客的意願。這便造成一般基督信徒到教堂來崇拜的時候，也帶著顧客的心態，並發出一些下列的問題：

我今天到教堂來，得了甚麼益處？

這所教堂能給我甚麼福利？

我在這裏崇拜，是不是能夠得著最大的幫助？

離此不遠那所教堂，對我來說，是不是更好些？

更有些信徒很不雅緻地問：

我在這所教堂作禮拜，是不是最划算的交易？

可惜有些堂主任牧師為要討「不滿意顧客」的歡心，竟染上了美國商人討顧客歡心的態度，諸般遷就，有求必應，完全忘記了討上帝歡喜或是討人歡喜的分別。

●二、主持崇拜聚會節目者的事前準備

崇拜聚會的節目包括：等候聚會時會眾連唱四至五首頌讚詩歌，唱開會詩，向會眾致歡迎詞、佈告事項、特別音樂、介紹主講人、讀經和證道等等。缺乏事先（一週中）為這些節目作充分和完善的準備工夫，崇拜聚會將要受重大的損害。沒有準備便得隨「機」應變，當「機」立斷，希望到時靈「機」一觸，以便伺「機」而行。如此四「機」，把崇拜聚會弄得體無完膚，叫來崇拜的聖徒一無所得，寧不可哀？

舉例來說，會眾連唱的幾首詩歌，應當與證道的內容相關連。崇拜聚會的節目單上登載多項的佈告，便不需耗費時間再口述一遍。致歡迎詞不需談論天氣好壞。介紹主講人的時候，應當避免侈談那些冗長的個人關係。有適當的準備，開會禱告便不會退化成為一場小型的證道，一味訓勉會眾而忽略向上帝祈求。

總結來說，上帝十分喜愛在崇拜聚會中與我們共聚一堂。對我們來說，這是大好佳音，讓我們照祂的心意前來敬拜祂、事奉祂、享受祂的臨格。阿們！

第三卷

基督徒應當認識的幾項事

作者簡介

這卷書的作者，久保榮博士，是我在安德烈大學念書時神學院的教授。以我有限的觀察，他是本會學者中智商最高的幾位之一。

《第一節》
「既然上帝是幫助我們的」

太多基督信徒的宗教經驗是建立在他們的情緒和感覺的基礎上。事實上，人的情緒和感覺虛幻無常，時刻不同，千變萬化，絕對不能作為穩固和恆久的基礎。這樣的信徒，心中時常充滿疑惑，發出對前途沒有確實把握的問題：上帝會繼續愛我嗎？上帝果真赦免我的罪過嗎？我能夠對上帝盡忠到底嗎？耶穌若回來，我能預備妥當嗎？便是其中顯著的例子。

我們的宗教經驗必須建立在比情感更為堅固的基礎之上。基督教的基礎並不是人的情感、人的軟弱、或是人的作為，它乃是上帝的權力，上帝的大能，和上帝的作為。當我們把自己的思想和注意力從上帝身上移到我們一己身上的時候，所看見的盡是自己的情感、自己的罪過和自己的軟弱；心中便充滿了疑惑和愁悶，這是最自然不過的現象。

當我們把注意力移到自己身上的時候，我們對上帝的性格便會發生錯誤的觀念。（請先把羅馬書第八章廿八至卅九節閱讀一遍，然後再看下去）保羅用這段話幫助信徒把注意力從自己身上轉移到上帝身上去。他指出我們與上帝之間有何等切實的關係（廿八至卅節），所以我們實在沒有疑惑上帝的可能。保羅說明上帝既然從亙古便「預定」信徒的前程，把信徒「召來」，又「稱他們為義」，叫信徒「得榮耀」，所以信徒對前途不可能沒有確實的把握，他們與上帝的關係是毫無疑問的。總結來說：我們信徒在世界上生存，信奉耶穌，絕對不是偶然碰巧而發生的事。

不錯，基督信徒對上帝的愛作了反應。但是要知道，這反應並不是信徒作主動的反應，原來「我們愛，是因為上帝先愛我們。」（約翰壹書四章十九節）上帝對我們的愛，是主動的愛；我們對上帝的愛，是被動的愛。世界上的萬事本來不會互相效力叫人得益處。原來是上帝主導萬事互相效力，叫愛上帝的人得益處，就是按祂旨意被召的人。實際上，在每一位信徒蒙受上帝大愛的事上，都有一連串上帝在幕後所安排的事件。

親愛的讀者，你對於「預定論」有甚麼樣的觀念？不管你的觀念是甚麼，當你細心察看你的生平，你必定看得出在你認識上帝這一件事上，絕對不是偶然發生的。你會覺察到在冥冥之中上帝一步一步地引導你。不錯，你是自由自主的人，一直依照自己的旨意行事；但是好像有一位上面更高的主宰，祂通過你的旨意去成就祂在你人生中所定的旨意。

有位神學家作如下的解釋：「一個人被上帝揀選承受救恩，這是他人生中的經驗。當他愈細心回想自己蒙恩的經驗時，便愈感覺他有幸成為基督信徒，全不是由於自身的努力，而是靠賴上帝的恩典臨到他身上，引導他、鼓勵他所致。他也深深知道自己一切的意願和心思，愈來愈靠近上帝的旨意；這完全不是他自身的作為，而是上帝恩典的成就。他知道上帝揀選他承受救贖的大愛，賜給他永遠長存的恩惠，」這是第一點：信徒與上帝之間有何等切實的關係。

第二點：上帝是幫助我們的。羅馬書八章卅一節說：「上帝若幫助我們」，這是中文和合本的譯文，不盡符合原文的意思。中文這個「若」字，有「假如」，「假設」，「如果」等意義。但是按照原文，這句話應當譯為：「既然上帝是幫助我們的」。這很合上文下理，因為保羅接著說：「既然上帝不愛惜祂的兒子為我們眾人捨命」。這個「既然」，是歷史上具體的事實，證明第一個「既然」也是具體的事實。

此外，「上帝是幫助我們的」，聖經新譯本譯為「上帝若這樣為我們」，有很好的含意。現代中文譯本譯為「上帝在我們這一邊」，是十分美好的意譯，經義更覺明白。

可惜有些信徒直覺地感到上帝是與他們敵對，他們以為上帝不停地窺伺他們的行事，意圖找尋一些錯失，好作為把他們逐出祂家庭的藉口。他們知道上帝在他們悔改受洗的時候，把他們一切的罪過洗淨，因而稱他們為義。但是他們以為在受洗後所犯的罪，可以把他們已得的公義抵銷，變為無效，便要上帝重新稱他們為公義。他們以為上帝稱義，而這義可以被偶爾小小的過失全然抵銷。

我們應當知道，上帝稱人為公義，是把一個悔改的罪人帶進與耶穌基督結合的神聖關係裏。稱義是把一個悔改了的叛徒從黑暗的國中帶進光明的國度裏。以我們罪人來說，被上帝稱義是一棄暗投明，出死入生的經驗。比婚姻的關係嚴重得多，不是隨便或輕易可以作廢的。上帝比一個忠實的丈夫或妻子更為能悠久、能忍耐。祂不會在我們首次、再次或三次犯錯便向我們宣佈要離婚。

舊約聖經何西亞書形容上帝對罪人是怎樣依依不捨。何西亞是一位忠實的丈夫（代表上帝），他的妻子不忠實（代表罪人）。何西亞對她長久忍耐，闡明一項真理：任何人與上帝立約歸信祂，上帝必不輕易放棄這個人。新約聖經記載耶穌講述浪子的比喻，浪子也許早已不把父親放在心頭上，但是他的父親卻無時不在切切惦念那離家出走的浪子。人可以棄絕上帝，上帝絕對不會棄絕人。

「上帝既不愛惜自己的兒子為我們眾人捨了，豈不是把萬物和祂一同白白的賜給我們嗎？」如果我們的腦中還有絲毫感覺上帝敵對或仇視我們，這一節聖經必能將它消除淨盡（羅馬書八章卅二節）。上帝既然樂意把祂的兒子為我們捨了，我們心中又怎樣能容忍懷疑上帝的思念呢？保羅在羅馬書第五章六至七節說，正當我們還是罪人的時候，基督便為我們而死。罪人就是上帝的敵人，毫無可愛之處。一旦我們歸信了耶穌，成為上帝的兒女，對上帝來說，我們是祂心上最疼愛的寶貝，祂又怎會丟棄我們？我們還以為因偶爾不慎的一項錯便毀滅我們與上帝的關係嗎？要知道，上帝是幫助我們的，要知道，上帝是在我們這一邊的，更要知道，上帝不是敵對或仇視我們的。上帝既然樂意把祂的兒子賜給我們，祂還能留下甚麼不肯賜給我們，叫我們得救嗎？我們實在可以預期上帝要盡力保守我們，叫我們至終得救，因為上帝「豈不也把萬物和祂一同白白賜給我們嗎？」

第三點：基督為我們信徒辯護。聖經說撒但在上帝的面前晝夜控告信徒，指出他們生活中的罪惡。耶穌復活升天後，便坐在上帝的右邊，為聖徒辯護。羅馬書第八章一節給我們帶來大好佳音：「所以現在，那些在耶穌基督裏的人就不被定罪了。」（聖經新譯本）可惜有些信徒感覺耶穌定他們的罪，他們又以為自己的罪把他們與耶穌隔絕。兩千年前，耶穌強調祂到世上來，不是要定世人的罪，卻是要叫世人藉祂得救。難道今天祂竟變本加厲要定信徒為有罪嗎？絕對沒有其事！祂今日在天父面前，為一切信徒祈求。

保羅在羅馬書第八章大談基督徒不能與基督的愛隔絕。這就是說，上帝在基督徒的身旁，稱他為公義，所以沒有誰可以定他為有罪，也沒有任何事物能把他與上帝的愛隔絕。保羅說這些事物包括患難、困苦、逼迫、飢餓、赤身露體、危險和刀劍。

上帝沒有應許說祂的兒女絕不會遭受苦難。基督信徒一旦為道殉身，也不會與上帝的愛隔絕。當我們遭受保羅所提述各種苦難的時候，我們信靠上帝的心不能建立在情緒或感覺之上，卻必須建立在下列一連串的事實之上：

上帝從亙古便為我們定立了救贖計畫。

上帝差遣基督為我們受死。

上帝在我們還作罪人，仇人的時候便愛我們。

上帝為要稱我們為公義已付出最大的代價。

耶穌今天在天上為我們辯護、祈求。

基督信徒把上列的事實銘記於心，在受苦受難的時候，知道這位曾為救贖信徒作了最大犧牲的上帝，絕對不會丟棄他們。信徒也許被逼害他們的人毒打，又或患上嚴重的疾病，又或遭遇天災人禍的慘變，他們都可以與保羅一起同聲說：「靠著愛我們的主，在這一切的事上，已經得勝有餘了。」（羅馬書第八章卅七節）

上帝既然為拯救失喪的人類經歷千辛萬苦，祂必不輕易丟棄任何一個罪人。祂也不會窺伺世人的軟弱，找尋定人為有罪的藉口。祂卻是不停地阻止撒但在祂面前控告祂自己的信徒。

我們既然有這位待我們宅心仁厚的上帝作為我們的天父，我們對前途便不須有甚麼疑惑。我們只須把注意力從自己身上轉移到上帝那裏，便知道基督的愛要像猛烈的陽光把存在我們心裏的疑雲驅散，我們便不再被情緒控制，正如保羅所說：「我們既然因信稱義，就藉著我們的主耶穌基督，得與上帝相和。」（羅馬書第五章一節）

編者按：本節第二點所論及的罪，是指偶爾的過失（加拉太書第六章一節），像彼得不認耶穌；而不是任由罪在人身上作王（羅馬書第六章十二節），像猶大那樣。

《第二節》為自身獲致利益而作的善行，可取嗎？

「你們要愛仇敵，善待他們；借錢給人，而不期望收回。那麼，你們將得到豐富的獎賞，而且將成為至高上帝的兒女，因為祂以仁慈待那些忘恩負義和邪惡的人。你們要仁慈，正像你們的天父是仁慈的。」（路加福音第六章卅五、卅六節，現代中文譯本）

救主耶穌這一席話的總意，就是教導我們去愛人，去行善，去給予而不期望任何酬報和利益。為自身得利益去行善，這是很不純正的動機。我們的天父「叫日頭照好人，也照歹人，降雨給義人，也給不善的人。」（馬太福音第五章四十五節）我們乃是「至高上帝的兒女，祂以仁慈待那些忘恩負義和邪惡的人。」

耶穌一生的工作，完全實踐祂自己的講論。「祂周流四方行善事，醫好凡被魔鬼壓制的人。」（使徒行傳第十章卅八節）耶穌向甚麼人行善呢？絕大多數是貧窮、困苦、沒有權勢或地位的人。祂更向那些傷害祂的人行善，向他們顯出祂的仁慈，像出賣祂的猶大和不認祂的彼得。

耶穌對受苦受難世人的愛，是不存著任何不良動機的。祂向人行善，完全沒有為自身獲取利益的企圖。祂醫治十個長大痲瘋的人，並沒有以他們回來道謝為條件。祂從那些被鬼纏繞的人身上趕出污鬼，目的不是要增加跟隨祂那小群的人數。耶穌行善只有一個動機，祂的心腸乃是慈善的心腸；祂呼召一切的基督徒也要本著慈善的心腸去行善。

我們應當省察自身的多種人際關係，不容讓我們的努力變成圖謀自身利益而作的努力。僱主與僱員，學生與教師、財主與貧民、牧師與信徒、牧師與區會會長，這種種的人際關係，都有圖謀自身利益的可能。

耶穌在綿羊和山羊的比喻中，詳述人際關係的重要。當耶穌向左邊的人說：「你們這被咒詛的，離開我。進入永火裏去」，他們便回答說：「主阿，我們甚麼時候見你餓了、或渴了、或作客旅、或赤身露體、或病了、或在監裏，不伺候你呢？」耶穌回答說：「我實在告訴你們，這些事你們既不作在我這弟兄中一個最小的身上，就是不作在我身上了。」（馬太福音第廿五章四十一、四十四、四十五節）

這班在祂左邊的人抗議說他們從來沒有看見耶穌缺乏甚麼。他們若看見，就必樂意為祂作任何的犧牲，企圖祂必重重報償他們。「我這弟兄中一個最小的，就是飢餓口渴的人，就是陌生人，就是赤身露體的人和囚犯。這等可憐人絕不能報答你向他們施慈愛的善行。你知道他們不能給你任何利益，你便不睬理他們。你的善行，是為自身獲取利益而作的善行。」

那班在祂右邊的人也提出抗議，他們從來沒有幫助耶穌，因為他們沒有看見耶穌飢餓，赤身或在監牢裏。我們對那些絕對沒有能力叫我們獲取任何利益的人，所顯出行仁施惠的態度，就是我們行善動機最準確的表現。

看看上帝對我們的態度。「為義人死，是少有的，為仁人死，或者有敢作的。惟有基督在我們還作罪人的時候為我們死，上帝的愛就在此向我們顯明了。」（羅馬書第五章七、八節）我們世人又軟弱、又卑微、又罪惡，我們絕不能給上帝任何的利益；祂卻愛我們，取主動地位叫我們身為祂仇敵的可憐人與祂自己和好。

耶穌更進一步說：「你擺設午飯、或晚飯。不可請你的朋友、弟兄、親屬和富足的鄰舍，恐怕他們也請你，你就得了報答。你擺設筵席，倒要請那貧窮的、殘廢的、瘸腿的、瞎眼的，你就有福了。因為他們沒有甚麼可報答你。到義人復活的時候，你要得著報答。」（路加福音第十四章十二至十四節）

今日是物質主義的世代，也是高度商業化的世代，施恩不望報是違反今日世代的潮流。但是我們還是瞧不起為貪錢而出嫁的女人，我們還是鄙視那些企圖從我們身上獲利而與我們結交的人。

我們是基督復臨安息日會的信徒，希望許多人也來加入我們的教會，這是很美好的志願。但是當我們向需要濟助的人行善的時候，是不是以他們加入教會為條件？有一位牧師（不是天主教的）記敘他一項寶貴的經驗，在此引述與讀者分享：

我認識某個基督教會裏的一家人，他們十分不幸，一個兒子癱瘓，不能走動，父親又患病死去。教會裏的人毫不理睬他們，沒有給他們絲毫的關懷和濟助。但是有幾位天主教信徒卻給他們物質上的支援，又用時間幫助那癱瘓的兒子建立自信心。

有一天，這家人的母親對我說了一句話，叫我畢生不能忘記。她帶著驚慌的神情，好像害怕我要責怪她的樣子，說：「希望你不要以為我們家人做錯了事，我們已經加入了天主教」，她不等待我回答，便繼續說：「這些天主教信徒從來沒有提說加入他們教會的事，他們只是不停施恩幫助我們。」

我聽了這一番話，好像受了責備，我原來也希望濟助這一家人，叫他們至終加入我的教會。這位母親只知道一件事，就是這幾位天主教的誠心信徒向她顯出愛心，從來沒有提及到天主教堂做禮拜或信奉天主教等事。他們見她有需要，便採取行動幫助她。

假如在你加入教會之前，教會的人對你十分熱情，把你當作上賓看待；但是你一旦受洗加入了教會，他們便都不睬理你，你會有甚麼樣的感覺？有人起初對我們教會的信仰發生興趣，但到最後卻決定不肯接受，我們對他會有甚麼樣的反應？

我們常說教會的醫藥工作乃是傳福音的右臂。不錯，多加會的慈善工作能軟化人的心腸，叫人易於接受本會的信仰。但是我們若利用教會的慈善工作為救靈的策略或工具，豈不是污辱了這些善工的本質，有違行善的原意嗎？

一個有病的人，得著本會醫藥工作的幫助，恢復健康之後，是不是有信奉本會真理和加入教會的義務？教會的一切救助患病痛遭苦難的人，是不是像耶穌那樣純粹出於愛心，而不期望有任何報償？得著我們救助的人對我們的善行，是否有感恩回饋，是他們自身的責任；而我們的責任乃是對人施惠行善。本會的醫療、賙濟、救災等等工作，倘若處處顯示耶穌那樣愛人的精神，效果將更為圓滿。

當然，本會的一切慈善工作都獲致良好的成績，但是我們必須像耶穌那樣的精神，去從事善工。祂與人結交，祂醫治病人，並不是要他們加入祂的隊伍。事實上，卻有許多人加入祂的行列中，他們全是被祂的仁愛所吸引而來的。

良善撒瑪利亞人的故事教導我們應當本著甚麼樣的動機去行善。他行善之前沒有看看有沒有新聞記者或攝影師在場，他也沒有查問這個被強盜打得半死的人，看看他若歸信撒瑪利亞宗教，會不會是個好信徒。良善的撒瑪利亞人看見這個急需救助的人，本著慈愛的心腸，便去救助他。

俄國的聖徒傳記中，有一則兒童故事、可以作為本節的佳美結論：

有一所黃金宮殿，裏面有兒童最喜歡的各種玩具，所以孩童們都盡力去做好事，以便取得宮殿大門的鑰匙。

一個小女孩把頭髮弄得整齊，把衣服洗得乾淨，但是守門的人叫她先去對別人做些好事。於是她找到一個乞丐，把自己一直儲存最寶貴的銀錢全數放在乞丐的手裏，便立即跑回黃金宮殿去。怎知守門的人不肯把鑰匙給她，囑咐她再出去做些好事，這叫她大失所望。

她回去一路走的時候，看見一個老太婆背著一捆又大又笨重的東西在陡峻的山路中往上爬。她便代替老太婆把這捆東西背在肩頭上，爬到山頂才放下來，便轉身跑回宮殿去取鑰匙，怎知又是一次的失望。守門人叫她再試一次，去做一些更好的事。她離開的時候，自言自語地說：「我才不要這把鑰匙！」

當她回家時，路旁的小樹林中傳出來一陣哀鳴的聲音，她走進樹林裏，看見一隻小狗在捕捉動物的陷阱裏掙扎。她便用盡她的力量把牠從陷阱中解救出來，她的兩隻小手都擦傷了，皮破血流。她把外衣的袖子撕成布條，為小狗裹紮四隻腳上的傷口。

宮殿守門人忽然站在她身旁，把鑰匙遞給她。她卻說：「我不配得這把鑰匙，因為我不是為得這把鑰匙去拯救這隻小狗，我已經完全忘記了這把鑰匙。」

守門人對她說：「親愛的小妹妹，妳完全忘記了自己，真好。這把鑰匙是要賞給忘記自己的人。」

《第三節》

「我就是道路」

「我就是道路、真理、生命。若不藉著我，沒有人能到父那裏去。」（約翰福音十四章六節）

一位到非洲的國外佈道士在森林裏迷了路，驚慌大呼求救。忽然有一位土人在他身旁出現，對他說：「跟著我走」。佈道士驚喜交集，便緊緊跟著土人前行，走了好一會兒，佈道士完全看不見有甚麼山林小路或溪徑，便問土人說：「這裏完全沒有小路和山徑，你卻知道去路，這是甚麼緣故?」土人回答說：「對的，這裏絕無小路山徑，但我就是小路山徑，我就是道路。」土人經常在這荒野無人經過的地區往返，他開闢自己的道路，所以他就是道路。

為了這個緣故，基督教不祇是一套教義、倫理或道德的標準，基督教是以耶穌基督為中心的宗教。看看耶穌與門徒多馬的對話，便更明白以耶穌基督為中心的重要：「多馬對祂說：主阿，我們不知道往那裏去，怎麼知道那條路呢?耶穌說：我就是道路、真理、生命。若不藉著我，沒有人能到父那裏去。」（約翰福音十四章五、六節）

早些時，耶穌說：「我往那裏去，你們知道，那條路，你們也知道」，多馬聽了，好像不十分明白。所以耶穌便說：「我（在希臘原文，這個『我』字帶有十分強調的語氣），我本身，我自己，就是道路、真理、生命。若不藉著我，沒有人能到父那裏去。」

耶穌用這句話宣明基督教是以耶穌為中心的宗教，這與猶太教（也可稱之為法利賽教）恰巧相反。一位宗教學者指出猶太教的中心，乃是猶太人的遺傳，也可以說就是一本書。猶太教所尊重的，是許許多多美好的理想，而基督教所最重視的，卻是這位理想的人物——耶穌基督。猶太教十分崇敬猶太民族英雄，但他們卻沒有把最崇敬的偉人摩西視為猶太教的中心。換句話說，假如歷史上沒有摩西其人，猶太教依然是猶太教。但是歷史上假如沒有耶穌基督，基督教便絕對不能存在。

基督教有許多美好的理想，偉大的真理，崇高的道德和倫理標準，都是十分重要的。但是這一切卻不是基督教最重要或居第一位分的事。最重要和居第一位分的，乃是與主耶穌基督建立切實的關係。

經上那位富有的少年官員，他的經驗很清楚地說明信奉基督教乃是與耶穌建立切實的關係。他為要承受永生，便來向耶穌領教。耶穌叫他遵守誡命，他說他從小便已遵守誡命了。於是耶穌說：「你還缺少一件。要變賣你一切所有的，分給窮人，就必有財寶在天上。你還要來跟從我。」（路加福音十八章十八至廿二節）

這位少年官員是一位十分有道德的人，也許我們可以說他是一位好教友。他在教會的小學中學和大學受教育。他在安息日學的搖籃班到成年班中長大。所以當耶穌叫他遵守誡命的時候，他可以說他從小都遵守了。但是他依然感覺自己的人生仍是人有缺欠，自己還沒有得救，便到耶穌面前來求問得救的道理。

耶穌回答說：「因為在你的宗教信仰上，你把遵守誡命看作是最重要和居首位，所以你知道自己大有缺欠。你所需要的，乃是與我建立情誼，所以你要來跟從我。」少年官員的宗教就是遵守誡命，耶穌向他清楚指明宗教乃是與祂建立關係。

正是如此，我們若過度強調遵守律法和保持教會的標準，我們大有失去以基督為中心的可能，這實在是最危險不過的趨向。

上文引述的宗教家曾說：「在我們的思想裏，宗教和做善事說是連在一起的，對不對？」當然，一個完全不做善事的宗教就是一個一無是處的宗教。但是我們必須知道，宗教是從建立關係而開始的（上帝愛世人），宗教卻不是從做善事開始的。宗教給予信徒以純正的動機去做善事。

少年官員甘心樂意遵守誡命，這是外表可見和行為上的事，又是比較容易做的事。但是要全心全意與耶穌基督建立關係，他卻感覺得十分為難。他情願遵守耶穌的誡命，卻不願意與賜誡命的耶穌建立關係。

法利賽人就是這樣，他們極度拘守一切誡命律法的細節，他們更把許多煩瑣而不合實際的禮節加在上帝的律法之中，他們不知不覺離去天國更為遙遠。人祇喜歡從外表和行為上著手，卻不願全心全意降服在上帝的旨意之下。

生活在廿一世紀的信徒，也有同樣的傾向。丈夫下班後回到家中，妻子對他說：「今天教會的牧師到我們家裏來，他問我一個問題，叫我十分難為情，他要知道耶穌是不是在我們的家裏和我們一同生活？」丈夫說：「有沒有告訴他我們每週必到教堂聚會？」妻子說：「他沒有問這個問題。」丈夫說：「妳有沒有告訴他我們經常慷慨奉獻金錢，支持教會的經濟？」她說：「他也沒有詢問我們的捐獻。他只問耶穌是不是在我們家裏和我們一同生活？」

實際上來說，我們可以身為教友，經常參赴安息日學和崇拜聚會，忠心奉獻十分之一和其他的捐獻，但是面對有否與耶穌之間建立關係問題的時候，竟然不能作答，這是很普遍的現象。我們可能做許多好事卻與上帝沒有真正的聯繫。

此外，我們若是第二，第三或第四代的復臨信徒，便更應當提防失去與耶穌聯繫的危險。我們的父母或祖父母接受耶穌的時候，他們與祂建立親密的關係。但是我們本身接受耶穌，很可能帶有「奉父母之命」的意味，我們的信仰若是從別人得來，這是十分危險的。從別人得來的信仰，叫我們本著「例行公事」的態度去遵守誡命，而不是因為熱愛上帝而順命。這一來，我們的信仰便退化成為以守誡命為中心的信仰。

原來上帝的誡命是建立在人與神，人與人的關係之上，所以耶穌在談論守誡命的時候說：「要愛主你的上帝……要愛鄰舍如同自己。」可惜有些人忘記了這一項重要的原則，只把誡命當作「抽象」的規條去遵行。

我們需要時刻緊記一件事，就是基督教是以耶穌為中心的宗教。這是一項正確的觀念，能增進我們宗教生活的福樂，叫我們對遵守誡命一事有正確的態度。原來上帝的誡命乃是顯示祂慈愛的品性。因為刻在兩塊石版上的律法絕不能完全顯示上帝的品性，所以耶穌便降到世間來，「道成了肉身」，把聖父完完全全地向我們顯明出來。為此，耶穌乃是活生生的律法和誡命，祂說：「人看見了我，就是看見了父。」（約翰福音十四章九節）

這樣說來，遵守誡命乃是幫助信徒改變成為像耶穌那樣善美的唯一途徑，又有誰敢指責我們是靠遵守律法去賺取永生呢？我們守律法，並不是拘守一系列毫無生氣的法典，卻是要培養像耶穌那樣善美的品格，更是要建立與耶穌之間密切的關係。

這樣，我們對罪的觀念也必與以前大不相同。我們再不會以為犯罪只是干犯一些抽象的規律。原來犯罪乃是傷害耶穌的心靈。請讀者細心研誦浪子的比喻，讀的時候想像你是浪子的父親，在二十多年中你無微不至地眷愛他。當這個忤逆不孝的兒子踏步出離你家門的時候，你會有甚麼樣的感覺呢？須知你的感覺就是我們故意犯罪時，上帝內心所必有極度傷痛的感覺。

有人說，父母親若看著自己心愛的小兒子或小女兒在床上病故，事雖慘痛，還算是較為容易忍受。但是父母親若看見這個兒子或女兒長大成人的時候，竟不理睬父母，反而與父母脫離關係，這卻是比前者千百倍更難忍受的事。我們與天父的關係，正是這樣。我們每一次故意犯罪的時候，就是與最深愛我們的天父脫離關係的時候。犯罪就是這麼嚴重的一件事。

當我們的信仰是以基督為中心的時候，我們對得救的觀念，也必有重大的改變。原來得救並不是接受和相信一些我們稱之為「真理」的枯燥信條。得救也不是能把守星期六為安息聖日的多項理由如數家珍地說個不停，或頭頭是道條理分明地解釋啟示錄的一千禧年或但以理書的二千三百日預言。耶穌說信祂的人便有了永生，祂就是生命。所以一個得救的人，就是與耶穌建立直接聯繫的人。一個人可以熟悉全本聖經中的真理，而沒有與耶穌建立真實的情誼，這是大有可能的，也是最悲慘不過的。

十七世紀最負盛名的宗教作家本仁約翰寫了多本巨著，最膾炙人口的就是《天路歷程》。話說有一位文學評論家來到本仁約翰住的小鎮要訪問他。評論家碰見一個小女孩，問她說：「妳知道本仁約翰住在那一所房子嗎？」

小女孩說：「我知道。你跟我來好了。」

他們一面走路，評論家知道快要會見這位大作家，高興得忘了形，便向小女孩大談本仁約翰的文章、筆法，諸如寓言、比譬、隱喻和引喻，長篇大論，然後問她說：「你懂我剛才所說的是甚麼嗎？」

小女孩回答說：「我完全不懂！」

評論家說：「你根本不認識本仁約翰！」

她聽了這話，很覺驚訝，卻大聲說：「我認識他。他是我的爸爸！」

保羅說：「你們應當察驗自己是不是持守著信仰，也應當考驗自己。難道不曉得基督耶穌是在你們裏面嗎？（除非你們是經不起考驗的人）」（哥林多後書十三章五節聖經新譯本）信心最大的考驗就是了解耶穌有沒有住在信徒的心裏面，而不是信徒有沒有明白聖經中一切的真理，甚至不是他們有沒有完全遵行教會的種種規條。

當然，這絕對不是說遵守誡命，明白聖道，和保持教會的標準並不重要。但是這一切良好的行事若不是以主耶穌基督為中心，又與祂沒有切實的情誼，便都要變成空虛的事物沉重的擔子。耶穌說：「我就是道路」，阿們阿們。

《第四節》
一次得救，便永遠得救，對嗎？

我和一位牧師領完查經班回家時，見到一個青年人在路旁向我們招手，示意想我們把汽車停下來，讓他坐「順風車」（美國十分盛行）。可是這個青年天天乘坐順風車的目的，是要在乘車的時候向人傳講他的信仰。他知道我們是牧師便向我們講論他相信一個人一次接受耶穌，成了得救的人，不管他以後做甚麼惡事，他卻永遠是一個得救的人。

我們問他說：「假如你偷東西，你還是一個得救的人嗎？」他說：「是的。就算我拿著機關鎗到街上殺死許多人，將來我還是一個得救的人！」

回想我讀大學的時候，還沒有錢買汽車，也常乘「順風車」。有一天，我和一位同學在路旁招手，一輛車子停下來。我們上了車，發現車主天天駕車，為的是要向乘客講論他的信仰。他問我們說：「你們是不是得救的人？」我們有點驚訝，說：「我們是基督徒，我們信奉耶穌基督。」

他說：「你們今天、現在，是不是已經得救的人？」我們說：「我們不知道，因為上帝正在審判世人，所以只有祂知道我們是不是已經得救的人。」我們以為要到生命結束和最後審判的時候，我們才確實知道自己是不是得救的人。

當我們聽聞「你是不是得救的人」，總覺得有點不好受和不平安，也許這是因為有些人走極端，宣講不合情理的謬論，說偷盜殺人，仍是得救的人。也許是有人過分強調將來的審判，叫我們相信非到審判的時候，沒有誰能確實知道自己與耶穌之間有甚麼樣的關係。

許多青年人和年長者都缺乏現時得救的保證，這是很可惜又是可哀的。他們以為得救或不得救全是賴乎個人每日行事為人的好壞而定。今天我的善行比惡行多了多少？假如今天我的善行比惡行多，我便算是不錯，但是明天如何，便不得而知了。當我去世時，假如我的惡行比善行多，又或我正在犯錯的時候死了，前途又是怎麼樣？這樁沒有被赦免的罪過，要把我關在天國的門外嗎？

還有，得救似乎是驚險僥倖的一回事。今天我是得救了，但是明天我卻未必能得救，或得救或受死好像完全是靠賴我的行為舉止，可是我就是這麼軟弱無力。假如一切全在乎我，我雖然盡了力量，卻仍舊繼續犯罪，我又怎敢稱自己為已經得救的人呢？所以我缺乏現時已經得救的保證。

此外，我也要除掉靈性上的驕傲。人若自稱耶穌已經拯救了他，這豈不是驕傲之至？若有人自稱是已經得救的話，他也必須承認自己的軟弱，承認他完完全全是靠賴主耶穌基督叫他成為得救的人。

還有一樣事情叫我缺乏現時已經得救的保證，那就是恐懼的心。我們不肯說自己已經得救，因為我們害怕以後再犯罪。使徒彼得對耶穌說：「我就算是要與你同死，我也不會不認你」，但他竟然一連三次不認耶穌。我又怎敢說自己不會犯同樣的錯誤呢？所以為審慎計，不說自己已經得救，是為上策。

實際上，許多信徒對「得救」一詞的意義，需要用些時間去研究一下，因為聖經從幾個不同的觀點使用「得救」這一詞語。最明顯的例子就是「惟有忍耐到底的，必然得救。」（馬太福音十章廿二節）從這個觀點來說，沒有一個人可以說自己時已經得救，因為得救或不得救，要到最後（「到底」原文是終點，盡頭）才能決定。現時的忍耐必須持續至盡頭和終點，才算是能叫人得救的忍耐。

希伯來書九章廿八節也是從上述的觀點提及得救：「像這樣，基督既然一次被獻，擔當了多人的罪，將來要向那等候祂的人第二次顯現，並與罪無關，乃是為拯救他們。」

此外，聖經從另一個觀點論述得救，意指上帝拯救罪人有一個程序。這就是說，上帝叫罪人得救，乃是一個正在進行中的運作，是一段過程。讓我們研讀哥林多前書一章十八節，依照原文的語氣翻譯如下：「因為十字架的道理，在那滅亡的人為愚拙。但是在我們這些正處在被拯救過程中的人，卻是上帝的大能。」信徒是在被拯救的過程中，但是這過程還沒有完結。

再從另外一個觀點來看，信徒可以說自己是已經得救的人。讀者記得耶穌對稅吏長撒該說：「今天救恩到了這家」，所以撒該是已經救的人。在我們接受耶穌作為我們救主的那一分鐘，救恩便已經開始臨到我們身上。所以過了一天後，若有人問撒該：「你是已經得救的人不是?」他可以理直氣壯地說：「靠著上帝的恩典，我是已經得救的人，因為昨天耶穌說救恩已經臨到我的家！」

看看使徒保羅所說的一段話，與上述撒該的例子十分相像。「我們從前也是無知、悖逆、受迷惑……但到了上帝我們救主的恩慈，和祂向人所施的慈愛顯明的時候，祂便救了我們，並不是因我們自己所行的義，乃是照祂的憐憫，藉著重生的洗，和聖靈的更新。」（提多書三章三至五節）

還有一個觀點，是應當強調的。聖經說救恩是在過往的時日中發生了，但是救恩的果效直到今日，就是在現時，依然存在。且把讀者熟悉的一節聖經，照著原文的口氣譯出來：「你們在過去曾被拯救是本乎恩，也因著信。」（以弗所書二章八節）上帝在過往時日曾做了拯救我們的工作，而這工作的效果仍然一直在繼續幫助我們，所以我們現時仍是處於得救的狀況中。現時得救，是一個極其重要的觀念。

但是我們怎能知道我們是得救的人?我們怎樣能知道耶穌是我們的救主?可喜的、有幸的，我們可以確實知道自己是得救的人，也確實知道耶穌是我們的救主，因為我們已經歸信祂，也已經接受祂作我們的救主。我們也知道我們愛耶穌，就像我們愛自己的父母一樣。因為我們確實知道上列的事情，我們便確實知道自己已經是蒙恩得救的人。既然是這樣，我們又怎能疑惑我們與耶穌之間的關係呢？我們與好朋友之間的情誼，我們一點也不會疑惑。我們信賴人與人之間的情誼，照樣，我們也必須信賴我們與耶穌之間的情誼，祂比世上的人可靠得多了。

可惜有些人疑惑與耶穌之間的情誼，或懷疑上帝對我們的愛。我有兩個兒子，一個女兒，他們從幼年便知道我是他們的爸爸。他們怎樣知道自己是我的兒女呢？他們知道，因為他們絕對沒有疑惑我是他們父親的理由。我們對耶穌也是這樣，我們知道自己是屬祂的人，因為我們絕對沒有懷疑祂是我們救主的理由。既然我們是屬祂的人，我們便是得救的人，道理就是這樣明顯。

照樣，我們對將來的審判也不須有恐懼或懷疑的心。是的，「我們都要站在上帝的臺前」受審判，但是「人被稱為義是因著信，不在乎遵行律法。」（羅馬書十四章十節，又三章廿八節）所以基督徒知道自己若一直保持信靠耶穌，上帝在將來的審判便要宣判他為無罪，「因為一次的過犯，眾人都被定為有罪，照樣，因一次的義行，眾人也就被稱義得生命。」（羅馬書五章十八節）使徒約翰說得好：「信祂的人，不被定罪。」（約翰福音三章十八節）

既然上帝已經宣判基督徒為無罪，他們便知道將來審判的結果，所以「我們就可以在審判的日子，坦然無懼。」（約翰壹書四章十七節）

此外，聖經對永生一事，也有相似的定論。我們不須等到將來才得享受永生。原來我們信耶穌的人藉著與祂天天交往，過著蒙恩得救者的美好生活，在今世便可以豫嘗永生的福樂。因為耶穌說：「信子的人有永生」（約翰福音三章卅六節）。我們也許以為在耶穌復臨的時候叫千千萬萬信徒復活，他們便開始過永生的生活。請看耶穌怎樣談論復活和永生：「因為我父的意思，是叫一切見子而信的人得永生。並且在末日我要叫他復活。」（約翰福音六章四十節）所以依照耶穌的啟示，當我們信祂的時候，祂要賜給我們新的生命，是我們在今世和來生都可以享用的，這就是永生。

依照猶太教的信仰，要到彌賽亞來臨之後，上帝才宣判人為無罪，那時人便可以得著拯救和永生。然而他們數千年來所仰望的彌賽亞，到今日還沒有來到。但是對基督信徒來說，他們已經得著拯救，上帝已經宣判他們為無罪，他們現在便有了永生。換句話來說，耶穌已經把天國美好的一部分——永生——帶到我們人間來，天國的一些福樂，已經開始在世上存在，給被稱為義的信徒得以預嘗。

對我們身為基督信徒的人來說，時時刻刻地吾日三省（或多省）吾身，只有一個重要的問題，就是我們是不是真心信靠耶穌，又是否與祂有密切的聯繫？我們若是真心信靠耶穌，保持與祂有密切的聯繫，便可以確實知道自己是已經得救，上帝已經宣判我們為義，不被定罪，我們也已經在享受永生。耶穌是為我們的信心創始和成終的主（希伯來書十二章二節），祂也是能保守我們不失腳，叫我們無瑕無疵，歡歡喜喜站在祂榮耀之前。（猶大書廿四節）

耶穌說：「我的羊聽我的聲音，我也認識他們，他們也跟著我。我又賜給他們永生，他們永不滅亡，誰也不能從我手裏把他們奪去。」（約翰福音十章廿七至卅節）感謝主！

《第五節》基督徒對財富的正確觀念

我很想要做個富翁。我若是個富翁，我可資助貧苦學生，也可以在貧窮地區建立教會醫院和學校。聖經提到多位熱愛上帝的富翁，像亞伯拉罕、約伯和讓耶穌先用自己巨資建造墳墓那位約瑟。一個人有財富並不增加他們德行，窮人也不因貧窮而減少他的德行。怎樣增加財富和怎樣使用財富是重要的事，更重要的，乃是怎樣在上帝眼中成為真正富有的人。

有人求耶穌吩咐他的哥哥把他應得的家產分給他，耶穌便用路加福音第十二章的比喻教導眾人。在這個比喻中，祂沒有提出產業分配的問題，卻討論人生的一個大問題——貪愛錢財，物質主義。祂說：「人的生命，不在乎家道豐富。」（路加福音十二章十五節）

基督復臨安息日會的信徒，今日極需要耶穌在這節聖經給我們的教導。眾所周知，在過往的世代裏，本會信徒中富有的人像鳳毛麟角，甚為罕見。因為遵守安息日，許多人找不到高薪的工作，有時連低薪的工作也找不著。但是今天情況已大不相同，本會到處都有大學畢業的青年找到高薪的職位。讀者也許會認識本會信徒中，已有不少百萬的富翁，千萬的也有。總之，今日本會信徒的經濟狀況，是比過往好得了。

有一位學者說：「一個人的收入本來只夠餬口。吃飽肚子就好了。一旦得了多一些錢財，他便好像來到一個交叉路口，他今後只有兩個選擇。（一）安分守已，勞力幹活，維持生計；（二）一輩子貪得無厭地爭取更多的財富。這樣，財富終必把他壓死。」

耶穌比喻中那位財主的產業是合法得來的。他努力耕耘和收割而致富，無可厚非。他的罪過是在他處理財富上的錯誤，叫他不能在上帝眼中成為真正富有的人。上帝對這樣的人說：「你說，我是富足，已經發了財，一樣都不缺。卻不知道你是那困苦、可憐、貧窮、瞎眼、赤身的。我勸你向我買火煉的金子，叫你富足。又買白衣穿上，叫你赤身的羞恥不露出來。又買眼藥，使你能看見。」（啟示錄三章十七、十八節）

我們怎樣才可以在上帝眼中成為真正富有的人呢？聖經給我們十分清楚的指示：我們必須時刻謹記自己乃是上帝的管家，我們的錢財房產是上帝為祂自身而託付給我們替祂管理的。以實情來說，這些錢財房產不是屬於我們的。中國成語：「物為我用，不為我有」，實在是一句最合聖經原則的名言。在上帝眼中，窮人富人沒有甚麼分別，祂是同樣地眷愛他們。貧窮而是好管家的信徒，在上帝眼中乃是真正富有的人。富有而不是好管家的信徒，在上帝眼中不過是個乞丐，是虛有其表的富有的人。

一位詩人步行了一天，疲倦飢餓已極，他走到一所農家，請求吃一頓飯和住一宿。因為他沒有分文，但願把自己得意的幾首詩念給他們聽作為酬報。該主婦對詩詞不感興趣，便請他走到不遠之處的鄰居投宿。那鄰居的主人說：「我舍下十分簡陋，你若不相嫌，歡迎你進來過夜。」這所小屋只有兩個小房間，沒有地毯，沒有窗簾，床和椅桌都破舊不堪。日後，詩人說：「這個人一無所有，卻把他的一半給我分享。我們兩人都感覺豐足有餘！」詩人有幸，遇見一位在上帝眼中看為真正富有的窮人。

有兩位青年在美國著名的史丹福大學深造，卻付不起所需的費用，擬訂出一個異想天開的籌款計畫。他們去找二十世紀初期波蘭一代大鋼琴家帕多里斯基為他們開一個鋼琴演奏會，奉酬演奏者二千元正。可是音樂會的門票出售不如理想，除去籌辦各項雜費外，只賺得一千六百元；遂令他們大失所望。他們祇有滿面羞愧地來到鋼琴家面前，把一千六百元和一張四百元的欠據交給他，懇求寬恕。想不到他說：「青年人，這樣做不行，不行！」便把四百元的欠據撕成碎片，再把那　千六百元交還給他們，說：「從這筆款項中取出你們在大學需用的一切費用，餘下來的，各人可再取百分之十，然後把剩下來的歸給我。」這位富有的鋼琴家在上帝的眼中，也是真正富有的人。

但是在耶穌比喻中的財主只知道為自己打算。「他自己心裏思想說，我的出產沒有地方收藏，怎麼辦呢？又說，我要這麼辦，要把我的倉房拆了，另蓋更大的，在那裏好收藏我一切的糧食和財物。然後要對我的靈魂說，靈魂哪，你有許多財物積存，可作多年的費用。只管安安逸逸的吃喝快樂罷。」（十七至十九節）可惜有許多信徒雖然口裏沒有出這樣的話，他們卻在行動上實踐了這樣的話。

一八一五年英法大戰，英國軍事統帥威靈頓公爵在滑鐵盧之役，打敗了拿破崙，立時稱雄於世。他辭世之後，一位作家要為他撰寫傳記，作家為要知道威靈頓的性情品格行事為人，和他所最關注的是甚麼樣的人，便把他的支票存摺一一翻閱，作為參證；因為耶穌曾說：「你的財寶在那裏，你的心也在那裏。」（作家此舉，信是十分聰明。）

這位富有的農夫建造更大的倉庫，積存足夠多年享用的財富，上帝卻對他說：「無知（原文作愚笨）的人哪，今夜必要你的靈魂，你所預備的，要歸誰呢？」我們信徒在靈性生活中要提防的，除了犯罪之外，還有無知、愚笨、缺乏判別能力，不悉「知所先後」等等。財主為自己預備物質上的需要，卻沒有為預想不到的死亡準備。死亡從來沒有照著常人所安排的時間來臨，它在人預想不到的時候突然來到。那些沒有為死亡好好準備的人，就是無知和愚笨的人。一個人若畢生單以積財為目的，到了吃著不盡，十分富裕的時候，便得死去，豈不是一個最無知最愚笨的人嗎?他一分一文也不能帶走，絲毫不能享用一生辛勞的美果。

聰明的人卻為死亡作妥善的準備，所以死亡不能搶奪他所賺來的財富。他可以與使徒保羅同聲說：「我離世的時候到了。那美好的仗，我已經打過了，當跑的路，我已經跑盡了，所信的道，我已經守住了。從此以後，有公義的冠冕為我存留，就是按著公義

審判的主到了那日要賜給我的。不但賜給我，也賜給凡愛慕祂顯現的人。」（提摩太後書四章六至八節）

耶穌教導我們「不要為自己積儹財寶在地上，地上有蟲子咬，能銹壞，也有賊挖窟窿來偷。只要積儹財寶在天上，天上沒有蟲子咬，不能銹壞，也沒有賊挖窟窿來偷。因為你的財寶在那裏，你的心也在那裏。」（馬太福音六章十九至廿一節）

俄國一代文豪托爾斯泰在他的故事集中描述一位農夫醉心購買農田；他的鄰居有一塊極大的田土願意出讓。鄰居說：「田價是一千盧布（俄幣）。你可以從日出的時候開始走，但到日落的時候要趕回出發的地方，你環繞土地、步履所及，全是你的。你若趕不回來，便要失去一千盧布，也得不著田土。」農夫貪愛田土，過於自己的性命，日頭一出，便飛步奔前。快到中午，他便轉身，朝著另一個方向行，然後再轉向出發點回跑。太陽酷熱，叫他十分疲倦，但是他絕不肯失去一千盧布，便拼死命趕路，在太陽西沉那一刻，終於趕回出發之處，鄰居向他慶賀說：「了不起，你得了一塊很大的田土。」

不幸農夫已倒在地上，臉伏於地，一語不發。鄰居見狀，屈身把他翻過來，發現他已經氣絕，返魂無術。鄰居很是難過，依著當地的風俗。把舌頭在口腔上下擺動作聲，表示悲傷。然後在地上挖了一個六尺長的泥洞，把他埋葬了。我們禁不住要發問：「一個人到底需要多大的田土？」

「人若賺得全世界，賠上自己的生命，有甚麼益處呢？人還能拿甚麼換生命呢？」（馬太福音十六章廿六節）

在人生中，我們在品格上所建造的，死亡絕對不能奪去。只有這種內在的建造是我們能從今生帶到來生去的，一切外表的都要化為烏有。為此，人若只追求今世的物質和財富，卻不追求能在上帝眼中看為真正的富有，是最無知最愚笨不過的。

耶穌說：「人的生命，不在乎家道豐富。」我們的為人和品格，比我們的財富重要得多了。耶穌比喻中的財主失去了自己，也失去了他的「靈魂」。認識他的人，一想到他的時候，只能想到他的財富，卻不能想到他的獨特之處。他若沒有財富，人便不認識他是誰。是的，人的生命不在乎家道豐富，只在乎他在上帝眼中是不是真正富有的人，讀者勉哉！

《第六節》
「將來我們要得甚麼呢？」

耶穌回答那位為永生請教祂的少年官長說：「你若願意作完全人，可去變賣你所有的，分給窮人，就必有財寶在天上。你還要來跟從我。」

眾門徒聽聞耶穌的回答，說少年官若把一切分給窮人便有財寶在天上，他們十分高興。他們想到自己跟從耶穌的時候，已經把所有的一切變賣分給窮人了。所以彼得發的問題也就是眾門徒的問題：「將來我們要得甚麼呢？」（馬太福音十九章廿七節）彼得乃是說：「主啊，請看！我已經撇下漁網、漁舟，和我的家人來跟從你。我實在配得獎賞和酬報，你將來要賞賜甚麼給我呢？」

這個問題顯出他們跟從耶穌的動機，也顯出他們看自己是一個僱工，為得酬報和利益而來。

懷愛倫夫人說：「然而彼得的問題：『將來我們要得甚麼呢？』顯露了一種精神，如果不加以糾正，就使眾門徒不配作基督的使者；因為這是一種僱工的精神。門徒雖然曾經受到耶穌慈愛的吸引，可是還沒有完全擺脫了法利賽派的影響。他們做工，仍然存有按勞計酬的想法。他們還是懷著自高自滿的精神，互相比較。而且每當他們中間的一

個人在某一方面失敗時，其餘的人就要放縱自己的優越感了。」（《天路》三五二面）

根據猶太教拉比的說法，一個猶太人每次遵行律法，便可以積聚多一項的功德。一次守安息日為聖，在外衣上佩戴經文（馬太福音廿三章五節），賙濟窮人、或禁食，這些都是功德。拉比相信上帝把這些功德——記錄起來，叫人要在今生和來世都得到報償，因為這是他們努力所賺來的。既然是他們努力所賺來的，他們便有權向上帝索取報償。當彼得發這個問的時候，上述拉比的理論在他的腦中盤旋，他為了自己賺來的功德，因而有權向耶穌提問、索取要得的報償。

耶穌為要門徒消除這種偏工的精神，便講述家主僱工人在葡萄園作工的比喻。比喻所強調的第一點，就是工人們都同意得一錢銀子為一天勞力的工資。沒有人說這工資太低，在耶穌時代，一錢銀子作為一天的工資，在勞工市場上，已是行之有年的慣例。

第二點，早上六時第一班工人開始工作，到了上午九時，家主招來第二班工人，第三班工人在正午開工，第四班工人在下午三時開工，第五班工人在下午五時始開工。

第三點，那班在清晨六時開工，作了十二小時工作的人，和那些做了九小時，六小時，三小時和一小時的，都得到同一樣的工資，就是一錢銀子。

第四點，對第一班做了十二小時工作的人來說，雖然他們已經同意一錢銀子的工資，但是眼見只做了短短一小時的人也得一錢銀子的時候，他們埋怨家主，似乎也是情理之常，應有可原。

猶太人有這樣的一個比喻。一位王帝僱了許多工人，做了一整天的工作。其中有一個人具有非常的技巧，只做了兩小時，便可以帶王帝到好幾處巡遊。到了傍晚的時候，分發工資，這人所得的，與其他工人相同。眾人便埋怨王帝說：「我們整天勞力，但這個人只做了兩小時的工作，卻與我們所得的相同，這是公平嗎？」王帝說：「很是公平，這個人在兩小時內所做的，比你們整天所做的還多。」

須知耶穌並沒有說那班只做了一小時工作的人，效率極高，他們在一小時內的成就，和那些人在十二小時內所做的相等，所以應當得著同樣的工資。

相反地，耶穌的比喻是要強調上帝奇妙的恩典，而不是著重於工作的效率。工人們整天勞苦工作，那班只做了一小時工作的也是同樣地勞苦，所以全體都得著同樣的工資。

當然，從人的角度看去，我們必定會為那些在猛烈太陽光照酷熱之下辛勞了十二小時的工人大抱不平，為甚麼在黃昏涼快中只做了一小時工作的人要得同樣的工資，如此不公平的酬勞若繼續下去，誰也不肯在清早到來工作，誰也要等到最後一小時才來上工而得著整天勞苦的酬報。

當然，耶穌絕不會叫人投機取巧，祂乃是指明上帝的行事方法與世人的行事方法迥然不同。這個比喻是要啟示一項屬靈的真理（耶穌絕不是設立一個新的僱主和僱員的合約和制度），這個比喻的屬靈真理乃是說：上帝行事的基本原則，乃是本乎恩典。當然，上帝十分重視公平和公正，但是上帝對我們世人行事的基本原則，源於恩典，這就是福音，這就是好消息。上帝給我們的酬報，不是根據我們所應得的，而是按照祂豐盛的恩惠。

這比喻中有兩種工人，第一種是帶著僱工的精神而來，只為酬報而工作。第二種是真心誠意的工人，不知酬報多少，也不向家主探問酬報多少便埋頭苦幹，為工作而工作。帶著僱工精神的人辛勞了十二小時，已經得到他們應得的酬報。其實他們更應當慶賀那些只做了一小時便得整天工資的人，因為人人都得到過活所需的一錢銀子。

帶著僱工精神的工人，懷著惡意說自己為耶穌工作做了極大的犧牲，誇耀為耶穌成就了許多偉大的事工，心中滿了自己一切的善行，像彼得那樣只想著為跟從耶穌所撇下的漁網漁舟和家人。這樣的精神必叫他們感覺自己的犧牲遠勝於別人，應當比別人多得工資。但是這種僱工雖然得著工資，卻不會得到獎賞，所以他們的一生，是徒勞無功的。

在這比喻中的第一批工人得著原先所議定的工資，家主沒有少給他們，也沒有扣除他們所應得的，所以應當沒有爭論。家主先把工資發給第二到第五班的工人，第一班工人見狀，滿以為自己必可多得，然而大失所望，便與家主爭論。這班工人絕對沒有被家主欺騙或虧負，但是當他們看那四班遲來的工人拿到不配得的工資，便勃然大怒，因為他們是僱工。我們信徒也有同樣的危險，以為上帝的恩惠臨到某某人身上，是他不配得的。假若臨到我們自己身上，我們感覺是最配得不過的，並且倡言上帝是公正和公平的，因為沒有誰可以比我們更配接受上帝的恩惠。

在屬靈的環境裏，絕對不能容納傭工的精神。因為上帝審判人，不是按照人所成就，或多或少，而是按照人委身工作的動機。

懷愛倫夫人說：「上帝對於人工作的估價，不是根據工作的分量，或是表面上的成績，而是根據作工的精神。……當基督住在心中時，得賞賜的思想就不會成為主要的了……我們不當那麼迫切地想得賞賜，而應當不計一切得失地去作應要作的事。我們的動機應當是愛上帝和愛同胞。」（《天路》三五四，三五五面）

那班下午五時才開工的人並沒有因做了一小時便得全日的工資而沾沾自喜。他們追悔不能為自己所敬愛的主人抵受酷熱之苦。他們為了得著效勞的機會感激主人不盡。有位信徒寫了一首詩，表達這班工人「恨晚」之意，且把它譯述如後：

你配受最大的敬仰，
可恨我太晚才認識你，
更恨我沒有早一些兒體驗到，
你的善良，是最真實的善良。

我愈多愛你，
便愈傷痛沒有及早深愛你。

假如前四班工人工於心計，故意等到下午五時才來上工，他們絕對不能得著一錢銀子的工資。第五班工人未能及時趕到，所以他們深深知道不管他們要得著多少工資，主人肯僱用他們，那完全是主人的恩慈。這是早上頭一班工所沒有領會到的真理。原來當時工人多而工作少，工人需要工作過於主人需要工人，主人可以挑選合適的工人。從工人方面來說，能被主人選上，已經是幸莫大焉；所得的工資，也全是因主人恩眷而得。

彼得所發出的問題。表明他也像頭一班人一樣，沒有領會到這一項真理，也不明白耶穌基督的精神。他只想著自己的成就和應得的報償，卻不知道能被選上作耶穌的使徒，完全是上帝的恩慈。彼得把自己高抬所以他問：「主阿，我配得甚麼為酬報？」反之，他卻應當又歡天喜地又驚嘆地說：「看主為我成就了何等的大事！」是的，能為耶穌效勞已是豐富和足夠的酬報。

《第七節》
「如同我們免了人的債」

在信徒生活中，有人會得罪我們不只一次兩次，這是毫無疑問的事實。我們會想，應當再饒恕這位得罪我們的弟兄多少次呢？我們又會想，饒恕人一定有一個限度。這就是門徒彼得的問題，可能有一個門徒多次得罪了他，他把這個難題帶到耶穌面前說：「主阿，我弟兄得罪我，我當饒恕他幾次呢？到七次可以嗎？」（馬太福音十八章廿一節）

彼得跟從耶穌，已經有一段時間，他發這個問題的時候，以為自已已經滿有祂的精神。法利賽人說饒恕人應當以三次為限，過了第三次，便不須感覺再有饒恕人的本分和責任了。所以當彼得提出饒恕人七次的時候，心想他比法利賽多加了一倍有餘，這樣的寬容大量，可算是已經了不起、耶穌一定要大大讚賞他一番。

然而耶穌不但沒有喜形於色地讚賞他，卻說：「不是到七次，乃是到七十個七次。」（廿二節）

我們可以理解，耶穌所說的四百九十次並不是饒恕的限度，卻是說饒恕人是沒有限度的。祂的回答乃是說：「彼得，你還沒有得著我的精神。饒恕並不是數字上的問題，乃是心靈上的問題。你饒恕了一個人，你要把他怎樣得罪你的事，也完全忘記了。所以到他下一次得罪你的時候，就好像是頭一次得罪你。

「彼得，你不要把你弟兄得罪你的事情一次一次地記錄下來說：這是第七次或第八次。你應該饒恕他，你若是真真實實地饒恕了他，你便會忘記了他曾得罪過你。所以他每一次得罪你，都像是頭一次的事。彼得，你把自我看得太過重要，所以你把事情看錯了。你應當從一個新的角度去看饒恕的真意義。」

於是耶穌講了一個比喻解明饒恕之道。一個王跟僕人算賬，有一個僕人欠他一千萬兩銀子，無法償還。王便吩咐把他和他妻子兒女並一切所有的賣了償還。那僕人就俯伏拜他求他說：「主阿，寬容我，將來我都要還清。」

王帝動了慈心，把他的巨債一筆勾消，釋放了他。可是他出來遇見一個同伴，只欠他十兩銀子，俯伏央求他寬容，謂將來要還清。這個被免了巨債的人竟然不肯，把同伴下在監裏。（有學者計算，若以今日的幣值來說，一千萬兩銀子約為美金六百萬元，十兩銀子約為美金十一元。）

眾僕人看見他所作的事，便告訴國王。國王大怒，傳了他來，對他說：「你這惡奴才，你央求我，我就把你所欠的都免了。你不應當憐恤你的同伴，像我憐恤你嗎？」王便把他交給掌刑的，直至他還清了債務。

比喻中的國王代表上帝，第一個僕人代表我們全體罪人，我們每一個人欠上帝六百萬元的罪債。上帝知道我們絕對不能償還這項巨債，便將之一筆勾消，藉著基督在十字架上的犧牲，償還了我們的罪債，祂的大愛無可比擬。

上帝饒恕我們，赦免我們的罪，不是一件容易的事，更不是廉價的赦罪。一位神學家說：「若有人敢說上帝赦免世人的罪，是輕而易舉的事，便是褻瀆和侮辱上帝的話。上帝把耶穌所背的十字架豎立起來，是要叫說這些話的人，啞口無言。」

我們若不經大腦，粗心大意地指著這個兇狠不肯饒恕人的人說：他真是是可鄙、卑劣、自私、無恥、鐵石心腸，一無是處的壞人。但是假如自己不肯饒恕人，我們豈不就是可鄙，卑劣、自私、無恥、鐵石心腸，一無是處的壞人嗎？上帝饒恕我們的是六百萬元，這是何等浩大的巨款，又是何等無法償還的債項。我們若竟拒絕免去區區的十一元，又怎敢無恥地去接受上帝六百萬元的恩賜呢？我們得罪上帝，有如六百萬元的滔天大罪，別人得罪我們的，只是小得不足道的像十一元的過犯。

記得從前有幾個人得罪我，我對他們恨入骨髓。可是當我細想這個比喻時，我便向上帝哀求說：「可憐我這個罪人！」是的，我們若多多思想這個比喻，在饒恕人的事上必見容易得多了。假若我們發現自己的行事，竟像那個不肯饒恕同伴的惡僕時，我們必定會感覺自己是多麼可鄙、卑劣、自私和無恥。今日在我們的教會裏面，真止需要這種饒恕人的精神！

耶穌結束這個比喻時，給我們一個警告，說：「你們各人，若不從心裏饒恕你的弟兄，我天父也要這樣待你們了。」懷愛倫夫人討論這個比喻時，說：「我們得蒙饒恕並非因為我們饒恕了人，乃是照著我們恕人之量而定。一切的赦免固然是基於我們所不配得的上帝的愛，然而我們對待人的態度卻顯出我們是否已將那愛擁為己有。」（《天路》二〇九面）

耶穌教導我們禱告說：「免我們的債，如同我們免了人的債。」這是十分重要的原則。耶穌極度重視這個原則，所以在說完了主禱文之後，重新把這原則再說一次。假如我們心裏對得罪我們的人，還存著惡意、惱恨或復仇的心，我們絕不能期望上帝賜給我們赦罪的恩惠。這樣的意念將把我們的心靈關閉起來。

在指出彼得的錯誤時，耶穌乃是說：「彼得，你把你自己放在最高和最中央的位置上，所以你是錯了。你得先把自己退出，讓上帝坐在最高和最中央的位置上。這樣，你便不會問：『我的弟兄可以得罪我多少次？』你卻要問：『我有多少次得罪了上帝，我犯的罪又是怎樣嚴重的罪？』彼得，你若把上帝放在最高和最中央的位置上，你便知道你自己大大得罪了上帝，祂卻甘心樂意赦免了你的罪。這樣，你便絕不會發出那個問題了。那個問題的答案是最顯明不過的：上帝竟然樂意饒恕你多次的大罪，你一定會更樂意地饒恕別人微不足道的小小過犯！」

「免我們的債，如同我們免了人的債。」闔勉乎哉！

第四卷

靈性生活的成功祕訣

作者簡介

在全世界上基督復臨安息日會的大家庭裏，也許不容易找到一位比李察士（H.M.S. Richards）牧師更家喻戶曉，或更配得上作為屬靈上父格的人物。他的家人、友人、同工和一切與他接觸的人，都知道他與上帝有十分親密的交往。他禱告的時候，好像是與上帝在一個小小房間裏談心那樣親切。

聞說他創始用收音機廣播（當時還沒有電視，也沒有任何基督教派作福音廣播）的時候，遭受本會某些行政人員強烈反對。他卻能百折不撓堅忍到底，創立了預言之聲。就是因為他與上帝的親密友情，沒有把成功的預言之聲帶離基督復臨安息日會的機構，因為他深信這是上帝親自設立祂在末世時代的教會。他終生熱切支持教會，這就是與上帝之間有親密情誼信徒必有的表現。願我們都效學李察士牧師的榜樣，與上帝相交，為祂效勞，是所祝禱。

《第一節》

怎樣得蒙上帝的饒恕

十九世紀美國的一代大詩人朗弗魯說：

「在天國裏所用永生的語言，
有一個極甜蜜語詞，我們在地上
稱這個語詞為—
上帝的饒恕。」

讀者當中，有許多渴想上帝赦免他們罪過，叫他們可以度公義的生活。但因為感覺自己的罪過太大，又是多次重犯相同的罪過，便以為上帝不會饒恕他們。又因為他們曾多次努力不要犯罪，卻每次都失敗了，所以他們假定上帝一定不肯垂聽他們求赦罪的禱告，便放棄了一切，不再到上帝面前來。請問讀者，你曾有過這樣的感覺嗎？假如你有，如下一節是為你而寫的。

許多人會發這個問題：我若在此時此刻悔改認罪，上帝會不會樂意立時饒恕我呢？請看，經上記著說：

「主阿，你本為良善，樂意饒恕人，有豐盛的慈愛，賜給凡求告你的人。」（詩篇八十六篇五節）

這節聖經是上列問題最美好的回答，因為寫這篇詩的人從自己的經驗中，親嘗上帝饒恕的恩惠。他曾犯過大罪，卻藉著上帝給他的饒恕叫他改變成為一個合上帝心意的聖徒（使徒行傳十三章廿二節）。所以他一再述說上帝樂意聽他求赦罪的禱告，說（詩篇八十六篇七節）：

「我在患難之日要求告你，因為你必應允我。」（詩篇八十六篇五節）

上帝樂意饒恕我們，這是毫無疑問的。上帝饒恕人，有甚麼條件呢？第一，我們必須有求上帝饒恕罪過的意願，到祂面前來懇求祂饒恕我們。

我家裏有個小男孩，他的媽媽離家前吩咐他不要外出，因為屋旁地開磐工人正在開築公路，他卻偷偷溜出去在築路挖泥機後頭跟著，一面看，一面走，十分開心。忽然挖泥機向後退，他便吃驚逃走，一不小心倒在地上，打了幾個滾。幸而挖泥機及時停下來，沒有壓死他，但是身上多處損傷，外衣沾滿黃泥，更失去了一隻鞋。他便一面啼哭一面回家大叫爸爸。你以為爸爸會饒恕他嗎？爸爸看見他滿眼流出悔改的淚水，皮破血流，滿身污泥，一隻腳沒有穿鞋子。爸爸見狀，竟而更疼愛他，把他緊緊抱起，饒恕自然是不在話下。

我們的天父就像這位爸爸，當我們被罪傷害，又可憐又狼狽地來到祂面前求助的時候，祂一定會救助我們。我們逼切需要饒恕的時候，便必會得蒙饒恕。

有些信徒在深深省察自己後，會說：「我沒有希望，上帝絕不會饒恕我這一罪過。」是的，你若單單注目自己，這是最自然不過的推想。你得把視線轉移到耶穌身上，你便滿有希望。

其次，你若要得到上帝的饒恕，你必須要悔改。讀者請重溫耶穌在路加福音十五章牧人尋羊的比喻。在漆黑的夜間，牧人出外尋找一隻迷失的羊。耶穌就是那尋羊的牧人，祂沒有因尋找了多時卻找不著，便放棄了那隻羊。祂一直在尋找，直到找著了便帶它回家。祂沒有斥責或鞭打它，卻請朋友鄰舍來對他們說：「我失去的羊已經找著了，你們

和我一同歡喜罷。」（路加福音十五章六節）

耶穌申述這個比喻時說：「一個罪人悔改，在天上也要這樣為他歡喜，較比為九十九個不用悔改的義人，歡喜更大。」耶穌用這個比喻說明一項真理：除非有些迷羊拒絕牧人帶他們回家，不然，祂把一切的迷羊都帶回家裏來。耶穌絕不會勉強人回到祂那裏去。這隻迷羊沒有抗拒牧人，便回到家裏來。讀者諸君，假如你正在顧慮你屬靈的境況，這就是說牧人耶穌已經尋找著你了，請謹記不要拒絕跟祂一同回到家裏來。

第三，得蒙上帝饒恕罪過的另一步驟，就是：

「我向你承認我的罪，沒有隱藏我的罪孽。
我說，我要向耶和華承認我的過犯，
你就赦免我的罪孽。」（詩篇卅二篇五節聖經新譯本）

原來當大衛向上帝認罪的時候，他一點也不是含糊地說：「求你赦免我一切的罪」，他卻把每一項罪過向上帝提舉出來，求祂赦免，並且改邪歸正，棄惡行善，上帝便赦免了他每一項的罪過。

「我們若認自己的罪，上帝是信實的，
是公義的，必要赦免我們的罪。
洗淨我們一切的不義。」（約翰壹書一章九節）

第四，聖經所說「罪中之樂」，原來我們的罪性，叫我在犯某些罪的時候，得著滿足罪性的快樂，英語稱之為受寵愛的罪（像受寵愛的貓和狗一樣）。當然，我們都想隱藏這些罪。有一個士兵的腳受了傷，傷口久久不能癒合。醫師仔細查看每一根腳踝骨，找不出致因；便用X光查驗，發現有一枚槍彈碎粒藏在傷口旁邊，怪不得無法復原。是的，生活中隱藏的罪，不肯放棄的罪，和明知故犯的罪，都是上帝不會赦免的罪。智慧者所羅門說：（箴言廿八章十三節）

「承認並離棄過犯的，必蒙憐恤。」

在上帝的整個救贖計畫中，一個真正悔改重生的人，對罪不但沒有留戀，而是恨惡；因為把我們最敬愛的救生耶穌釘死在十字架的魁首就是世人的罪。所以信徒最憎恨的也就是罪。尋求饒恕，離棄罪惡乃是必然的途徑。

第五，我們若要上帝饒恕我們的罪，我們自己必須樂意饒恕別人的罪。耶穌說：（馬太福音六章十四、十五節）

「你們饒恕人的過犯，你們的天父也必饒恕你們的過犯。你們不饒恕人的過犯，你們的天父，也必不饒恕你們的過犯。」

有人估計，若把門徒猶大出賣耶穌所得的三十兩銀子放在銀行裏，以百分之四的複利去生利息，二千年後的今日，「猶大基金」必有千萬億元的巨額存款，不曾遜於「洛基弗魯」等等的基金。我深深知道你若不饒恕別人欠你的債（虧負你），這債必像最高複利貨款增長，極度迅速地，像癌細胞在人體內超速生長，龐然大物要阻塞上天賜給你今生的任何福氣，更要把你擠出永生天國的門外。不饒恕人是一條絕對沒有希望的死路，沒有甚麼比這更為絕望和更可恐怖的，讀者其勉諸！

最後，為要得到上帝饒恕我們的罪，我們要奉耶穌的名，祈求上帝赦免。約翰壹書二章十二節說：

「小子們阿，我寫信給你們，因為你們的罪藉著主名得了赦免。」

還有，耶穌吩咐我們在宣講悔改和赦罪福氣時，也要奉祂的名去宣講。緣故是甚麼呢？原來以實情來說；犯罪乃是欠下一筆巨大無比的債項，是你我絕對沒有償還的能力。耶穌卻已在十字架上為我們清還了這一切。任何赦罪的恩惠全是藉耶穌的聖名所賜予。為此，耶穌降生在伯利恆城之前，天使告訴祂的養父約瑟說：（馬太福音一章廿一節）

「你要給祂起名叫耶穌，因祂要將自己的百姓從罪惡裏救出來。」

保羅在羅馬書六章廿三節說「罪的工價乃是死」，罪是極度嚴重的一回事。假如上帝在處理罪的時候，不以為意、掉以輕心，像古語說「視而不見」，這就等於把罪當作不算是甚麼樣嚴重的一回事。上帝絕不會這樣做，祂極度憎恨罪惡。所以祂藉著耶穌無比的犧牲，付出了赦罪的重價，在赦免罪過的事上，顯出祂的恩慈和公義。耶穌代替我們受死，我們要奉祂的名來到施恩座前白白地得著赦罪的恩惠。

一個小女孩問：「媽媽，上帝有沒有不能做的事？」母親說：「沒有！沒有！」女孩說：「有！得著耶穌的寶血，上帝便不能看見我們的罪」，真是一語道破赦罪的真義。

親愛的讀者，現在你若想望上帝赦免你某一項罪過，你應當奉耶穌寶貴的聖名向上帝祈求，因為「耶穌的血洗淨我們一切的罪。」（約翰壹書一章七節）

當你為罪悔改，祈求上帝因耶穌的名，赦免你的罪，立時離棄那罪，又饒恕得罪你的人，這樣順從上帝的吩咐，你必會感覺好像是置身在一個新的世界裏，一切都變得美好；身心舒泰、光明無限。

記得六十年前（一九二三年）有人寫了一本書——「人生是在四十歲開始」。其後，繼續有人倡導人生是五十、六十、甚至七十歲才開始。但是我要以最誠懇的態度向讀者說，當你悔改來到上帝面前，約翰福音三章三節說這就是重生（再出生），這才是真正生命的開始。你有了重生經驗，藉著信靠上帝的應許，便知道你的罪已蒙饒恕。這要把無限的喜樂帶給你。

耶穌講述比喻，當浪子回到家裏的時候，他的父有沒有饒恕他？當然有！且看：（路加福音十五章廿節）

「於是他起來往父親那裏去，相離還遠，他父親看見，就動了慈心，跑去抱著他的頸項，連連與他親嘴。」

原來他的父親天天一直在倚門倚閭，看著戶外那條路，所以當浪子「相離還遠」的時候，父親便看見他。父親一直在渴想他回到家裏來，一直在等候他回到家裏來。那天，父親一看見浪子便向前跑去──不是走去──雙手抱著他的頸項，連連不停地親吻他的嘴。

那天，父親家裏開始有大大的喜樂。看見浪子懊悔的眼淚，父親也含著滿眶熱淚地說：「我這個兒子，是死而復活，失而又得的。」親愛的讀者，這就是當你想望得著上帝饒恕時祂對你滿懷仁慈憐愛的態度。當你決意離開豬群豆莢，拔腳回家的時候，我們的天父必在相離還遠的地方看見你，跑來迎接你，抱住你的頸項，祂給你親吻，要把你一切的罪過都饒恕淨盡。感謝天父！讚美天父！阿們！

《第二節》怎樣度真誠篤實的基督徒生活

許多信徒讀過十九世紀，從英國到非洲的國外佈道士李溫士敦醫生的傳記（有中文本），內文中也許提述當時有一位以探尋非洲而成名的史丹利先生。原來李溫士敦醫師也曾探尋非洲各地，該地高達三百四十三尺的維多利亞瀑布（美國和加拿大之間的尼加拉瀑布才只有一百六十七尺高）便是他所發現的。為此，史丹利十分敬仰李溫士敦，他特地到非洲中部一個小城李醫師家裏來同住了一些時候，有意想不到的收穫。他原來的目的只是要跟李醫生交換探尋非洲的經驗，然而終竟被李醫生的真實基督徒生活所感化而成為一位基督徒。他寫了下面的一段話：

我原是英國倫敦城中對基督教有大偏見的無神派人士。但是當我跟李醫生同住了一些時日，心中時常發生一個問題：「這位醫生為甚麼甘願到非洲來工作和生活？他的動機是甚麼？」

離開他家後的多個月間，我不停地想著他怎樣把聖經的吩咐，一一在生活中實行出來，就是要丟棄一切去跟從耶穌。我曾細心觀察他，看見他虔誠愛主，性情溫柔，為非洲土人治病，又熱誠，又懇切。他身為醫生，在英國可以過著舒適優裕的生活，卻竟自願多年在這種環境中為人服務。這叫我不只是大惑不解，更叫我大受感動。雖然他沒有向我宣講他的信仰，但是他真實的基督徒生活，足以把我改變過來，成為基督的信徒。

我十分有幸，在大學念書的時候，認識了好幾位過著真實基督徒生活的信徒，他們對我的靈程有極大的幫助。

一個人加入教會成為教友，稱自己為基督徒，是十分重要的事，但卻未必是過著真實的基督徒生活。過著真實基督徒生活的人，乃是每天把自己的生活完全獻給耶穌，好讓祂幫助我們應付人生中一切的苦難、憂懼或與祂分享生活中的喜樂。

我有一位牧師朋友，現在已安睡主懷。記得聽他證道宣講「怎樣過真實的基督徒生活」，得了很重要的提示。他說我們首先必須知道「基督徒」一詞的定義。因為知道了「基督徒」的定義，才可以知道甚麼是基督徒的生活。加入了某個教會能不能把一個人改變成為基督徒呢？答案很簡單：不能。使徒行傳十一章廿六節說：「門徒被稱為基督徒，是從安提阿起首。」這是「基督徒」最基本的定義。基督徒乃是基督的門徒，也就是跟從基督的人，因為門徒乃是跟從基督的人。根據這節聖經，我們可以給「基督徒」下一個定義：是一個信靠耶穌為救主的人，效學聖經所記載耶穌在世行事為人的精神和榜樣，順從耶穌的教導，凡事跟從耶穌，作祂的門徒。使徒時代的信徒被稱為基督徒，是因為他們宣講、教導。談話和生活，全是以基督為主題。

要過著這種真實的基督徒生活，我們必須與基督耶穌自己有密切的聯繫。這是聖靈的工作，保羅說：

「我們是從一位聖靈受洗，成了一個身子。」

（哥林多前書十二章十三節）

這身子乃是基督的身體。請看五旬節後聖靈的工作是甚麼？（使徒行傳五章十四節）

「信而歸主的人越發增添。」

這些信徒是歸給耶穌自己的人，所以他們是屬耶穌的人。他們在世界上生活在耶穌的身體裏，而耶穌的身體就是教會。耶穌邀請我們說：「到我這裏來」、「學我的樣式」、「來跟從我」，更要「常住在我裏面」。當我們來到耶穌面前的時候，有一個成功的基督徒生活祕訣，就是常常住在祂裏面。換句話說，在我們能夠常常住在耶穌裏面之前，我們必須首先到耶穌面前來，學效祂的樣式，和跟從祂。

我們怎樣在這靈程上逐步前行呢？

（一）到耶穌面前來。我們來到耶穌面前，接受祂為我們的救贖主，把我們的罪擔卸在祂的腳前。

（二）我們學效祂的樣式，祂的謙和，祂公義的品格。使徒彼得說信徒應當（彼得後書三章十八節）。

「在我們主救主耶穌基督的恩典和知識上有長進。」

當我們每天研讀聖經的時候，應該只有一個目的，就是要多得著有關耶穌的知識，使我們可以多多效學祂的樣式。在每日的實際生活中，或在家裏，或在工作的場所，學效祂對人溫和、仁慈、體貼、關懷，學效像祂那樣誠實無偽、純潔。這就是真實的基督徒生活，也就是與主同行的生活。聖經述說上古時代的以諾，與上帝同行三百年，一位女詩人把以諾的事蹟用詩歌表達出來，題為「與主同行」：

求主容我與你同行，有如以諾昔日情形，

願主伸手將我引領，天天與你相攜相親，
雖然前途我難看清，耶穌，讓我與你同行。

（三）信徒到耶穌面前來，學祂的樣式，這就是跟從耶穌向前行走人生路途的開始。耶穌給祂自己一個十分美好的名字，就是好牧人。祂在我們前頭帶領，我們要跟從祂前行。使徒約翰勸導我們要「在光明中行走，像上帝是在光明中。」（約翰壹書一章七節）使徒彼得說：（彼得前書二章廿一、廿二節）

「你們蒙召原是為此。因基督也曾為你們受過苦，給你們留下榜樣，叫你們跟從祂的腳蹤行。祂並沒有犯罪，口裏也沒有詭詐。」

為此，我們信徒不單是在行事上跟從耶穌，就是我們說話的時候，也要照祂的榜樣去說。

有一個人僱了一位嚮導帶他到雪山上露營。次日早晨他向帳篷外看去，對嚮導說：「昨夜有一個人走過我們的帳篷，你看一看他的腳印吧！」嚮導早知道有二十人要跟隨另一位嚮導從這條路往上行，回答說：「不是一個人走過我們的帳篷，是二十個人。」原來這二十人，一個跟著一個，很謹慎地踏在嚮導的腳印往前行，二十個人就像一個人的腳蹤。我們信徒跟隨基督，也應當這樣（多年前我中學畢業班的格言是「步武基督」，是十分美好的格言）。

（四）最後，耶穌要我們信徒常住在祂裏面。假如我們能常住在祂裏面，我們便是過著真實的基督徒生活。

使徒保羅的經驗之談，很能發人深省，他說：

「基督在你們心裏成了有榮耀的盼望。……我們傳揚祂，……要把各人在基督裏成為完全的人。」（歌羅西書一章廿七、廿八節照原文譯）

我們要做完全人，這是獨一無二的方法，就是藉著信心，在基督裏成為完全人。憑著自身的力量，我們絕對不能做完全的人。我們卻可以藉著聖靈的力量，每天每時每刻把自己完全全地奉獻給耶穌，這就是真實的基督徒生活。

上述把自己奉獻耶穌，包括兩項重要的事：（一）深知我們不是屬自己的人，因為耶穌付上重價把我們贖回。(二)既是屬耶穌的人，我們便必須毫無保留地獻給耶穌。保羅把這兩項事用一節聖經表達出來：

「所以你們或吃、或喝、無論作甚麼，都要為榮耀上帝而行。」

(哥林多前書十章卅一節)

下面是一位牧師的自白，他說：「有一天晚上我跪在床旁邊禱告的時候，決意若不把自己完完全全獻給上帝，我便不睡覺。一會兒，耶穌好像站在我身旁，我從口袋裏取出一大串的鑰匙，從這許多條鑰匙中，我摘下一把小鑰匙，握在一隻手中，然後把整串鑰匙放在耶穌手裏，說：『耶穌，我把我生命中一切的鑰匙，完全交付給你。』祂很憂愁地看著我，問我說：『你一切的鑰匙全都在這裏嗎？』我說：『還有一把小鑰匙，可以開一個小櫃櫥，沒有甚麼重要。』祂說：『假如你不能完全信靠我，你就是不信靠我了。』雖然我不願意放棄這把小鑰匙，我卻說：『主阿，我願意給你取去。』」

「果然，就像我所意料的，祂打開了我的手掌，取了那把小鑰匙，走到小櫃櫥前，把小櫃門開了，看見我心愛的一件又壞又罪惡的東西，祂說：『你必須放棄這一罪惡的事物。』」

這位牧師說：「我把這件惡行丟棄了，對耶穌說：『你從今夜開始，可以隨你的意願使用我的生命。』立時，平安充滿了我的心靈。」此後，他大有能力為上帝成就偉大的工作。是的，真實的基督徒生活就是毫無保留地把自己獻給耶穌。這樣把自己奉獻的人，並不是作耶穌手上的機械或傀儡，或是任由祂操縱的木偶。我們把自己奉獻給耶穌的人，乃是一個把心門向祂打開，處處與祂聯合的人。

使徒彼得勸勉我們要「愛慕那純潔的靈奶……叫我們漸漸長大。」耶穌說：「人活著不是單靠食物，乃是靠上帝口裏所出的一切話。」耶利米先知說：「我得著你的言語，就當食物吃了。」在真實的基督徒生活中，我們要細心研讀聖經，就是上帝的話語。藉著聖靈的幫助，我們能把聖經的教導在生活中實行出來。

我們知道救恩不是從加入教會而來，但是被聖靈引導的人將必加入教會，因為這是上帝的安排。使徒行傳二章四十七節說：（英文詹姆士譯本）

「主將得救的人，天天加給教會。」

上帝既然把得救的人置諸教會裏面，所以一切信主的人都應該加入教會。

我們若想要找一個完全的教會，我們必定大為失望。你我是教會的教友，你我還不是完全的人。為此，教會還沒有到達完全的境地。從使徒時代到現在，教會雖然不完全，上帝卻不停地引導教會，幫助教會完成祂設立教會的本意。我們信徒需要聆聽上帝的聖言，我們需要彼此勉勵，互相幫助，我們需要住在上帝的家中。上帝設立了教會為的是要滿足我們種種的需要，叫我們在靈程上不被陰間的權柄打敗，因為耶穌把祂的教會建造在「這磐石」上，這磐石就是祂自己（見馬太福音十六章十八節）。

最後，我們可以用幾個問題去總結本節的主題，就是：怎樣過真實的基督徒生活？

我是不是全心全意地接納耶穌為救主？

我有沒有在凡事上效學耶穌的樣式？

我已經跟從耶穌在光明中行走嗎？

我能不能說自己是毫無保留地住在耶穌裏面？

深盼親愛的讀者能以正面回答這些問題，過真誠篤實的基督徒生活，阿們！阿們！

《第三節》
怎樣再回到上帝的懷抱裏

我在擔負聖工的數十年間，經常閱讀聽眾的來信，其中語調，不少是帶著失望甚至是絕望的悲情的，十分可哀。例如有一位寫下這樣的話：「你為我禱告簡直沒有甚麼功用。我知道上帝沒有可能赦免我，我是絕對沒有希望的罪人。所以請你不要浪費時間為我禱告。」另一位又這樣寫道：「我看不出耶穌如何能赦免我。我已經陷罪太深，怎樣努力也無濟於事。你想你怎樣能幫助我這樣的一個人呢？」

事實上，我們大可以幫助這些失望和絕望的人。這些人失去了信靠上帝的心。為他們來說，他們求要得著的，乃是「我怎樣能夠確實知道我的一切罪已經得蒙饒恕了？」這個問題的答案。

所以下面這一節經文是為一切心中有疑惑的人所寫：

「我們若認自己的罪，上帝是信實的，是公義的，必要赦免我們的罪，洗淨我們一切的不義。」

（約翰壹書一章九節）

假如你在全世界中是一個獨一無二的罪人，上帝必會把這個應許賜給你。使徒約翰被聖靈感動，特別為你寫下這句話；你若肯接受這句話，必定立時在心靈上得著出人意外的平安和快樂。你若肯相信耶穌藉著約翰所說的這句話，你的罪擔便從你的肩頭上被移走了。有一位聖徒對衛斯理約翰說：「靠著信心生活，直到你得著信心」，真是金玉良言。

我們能不能夠確實知道自己已經得到了上帝的赦免呢？請看這個問題的答案：（馬可福音十一章廿四節）

耶穌說：「所以我告訴你們，凡你們禱告祈求的，無論是甚麼，只要信是得著的，就必得著。」

使徒保羅強調信心的重要，他說：「因為我們行事為人，是憑著信心，不是憑著眼見」，他更說：「既然我們因信得以被稱為義人，我們就藉著主耶穌基督跟上帝有了和睦的關係。」（哥林多後書五章七節；羅馬書五章一節）

信心能把平安帶進我們的心裏。耶穌切望要把祂饒恕的大愛懷抱著我們，所以祂說：（約翰福音三章十六節）

「上帝愛世人，甚至將祂的獨生子賜給他們。」

使徒約翰說：（約翰壹書四章八節）

「上帝就是愛。」

也許你會說：「我一點也不感覺上帝已經赦免了我的罪。」親愛的讀者，最重要的不是人的感覺，而是人的信心。例如你今天把一張支票拿往銀行去取現款，銀行的出納員也許身體欠佳，正在感覺劇烈的頭痛。湊巧你自己也感覺渾身不適，正在發燒。但是不管出納員和你都感覺身體違和，只要支票上有正確的簽字，你便可以提取現款。照樣，我們與上帝之間的關係，我們的感覺，一點也不重要，而最重要的，乃是上帝的應許。祂的應許乃是我們從信心的銀行可以取得救恩現款的支票。

原來早在我們還沒有生發向上帝悔改心意之前，祂已經深情地愛上我們，切望我們回到祂跟前，祂是一直在耐心等待我們向祂歸回。祂在耶利米書卅一章三節說：

「古時耶和華向我顯現，說：

『我以永遠的愛愛你。因此，我以慈愛吸引你。』」

不錯，「罪的工價乃是死」，但是我們卻不要忘記，緊緊接著這句話，就是「惟有上帝的恩賜，在我們的主基督耶穌裏，乃是永生。」（羅馬書六章廿三節）

有一次，一個不信奉上帝的人，站在市場群眾面前，向上帝挑戰，要上帝在五分鐘內把他殺死，藉此證明祂是有權力的真神。他當著群眾把手錶脫下來，等候了五分鐘。五分鐘過了，他高聲說：「我不是告訴你們上帝根本不存在嗎？」

站在他旁邊的老婦人問他說：「先生，你有沒有兒子？」

他說：「我有。」

老婦人說：「假如你的兒子將一把刀放在你手上，說：『爸爸，你殺死我罷』，你會殺死他嗎？」

他驚奇她向他所發的問題，便說：「我不會殺死我的兒子，我深愛我的兒子。」

她說：「這就是上帝不殺死你的緣故，祂深愛你。」

是的，讀者們，上帝沒有按著我們的罪懲罰我們，是因為祂太愛我們了。但是祂卻不停地呼喚我們，切望我們悔改。為此，我們若給祂饒恕我們的機會，祂必樂意饒恕我們。請想一想：（羅馬書廿八章卅二節）

「上帝既不愛惜自己的兒子為我們眾人捨了，
豈不也把萬物和祂一同白白的賜給我們嗎？」

詩人說得真好：（詩篇一〇三篇十三節）

「父親怎樣憐恤他的兒女，
耶和華也怎樣憐恤敬畏祂的人。」

請讀者謹謹記住，你若向上帝承認你的罪過，祂親自保證要饒恕你。我們必須憑著信心接納祂的應許。人若懷疑上帝是否施憐憫行饒恕，他乃是不相信聖經的話語。朋友，上帝為拯救你曾經傷透了祂的心，我請問你，你還要因為不信再創傷祂的心嗎？

假如你的小兒子或小女兒做了錯事，到你面前來求你饒恕，你會饒恕嗎？我深知你必定要饒恕他（她）。事後，假如你聽見這小孩對另一位小朋友說：「我的爸爸真好，我做了一件可惡的錯事，求他饒恕我，他立即答應了，我也相信他果真饒恕了我。但是我並不感覺他已經饒恕了我，所以也許他實在沒有饒恕我，也許他永遠不會饒恕我，所以我感覺得十分難過」。請問你聽了這話，會有甚麼反應？

可惜有許多基督徒干犯同樣的錯誤。朋友，你悔改的時候，上帝便饒恕了你，千萬不要讓疑惑和不信奪去你心靈因信靠上帝赦罪應許所帶來的平安和快樂。

有一位蘇格蘭的賭徒，年輕時幹了許多壞事。耶穌基督的福音把他改變過來，其後成了一位大佈道家，感化許多人歸主。有一天在某城裏，他坐在講台上快要講道的時候，聽眾中有一個人走上講台遞給他一封信。他展開一看，信裏面把他從前在那城裏幹過的壞事，一項一項地列舉出來。他看過了，想要一走了之，但他默禱求上帝引導，便在講台上站起來對聽眾說：「各位朋友，剛才有人給我一封信，控告我從前在這個城市幹過的壞事，我要把這許多的壞事向你們宣佈出來。」他便讀出這長長一連串的罪狀。讀完了，他說：「我承認這些罪狀，確有其事並無誇張，也許你們要問：『你犯下了這麼多的罪行，又怎敢向我們宣講上帝的公義和真理呢？』」我的回答是：

「基督耶穌降世的目的是要拯救罪人，這話是可靠，值得完全接受的。我是罪人中最壞的一個。」

（提摩太前書一章十五節現代中文譯本）

你肯承認自己是個罪人，曾干犯上帝的誡命，不配進入上帝的天國裏，你乃是把自己置身在耶穌赦罪的恩典之中，因為耶穌降世的目的是要拯救罪人。

各位讀者，我們要記得在羊圈裏有九十九隻羊，但是牧人心裏卻十分不安，想著那一隻迷失了的羊。換句話說，耶穌要尋找你和我，因為我們遠離了上帝和天家。

我們都是迷失了的羊，我們只有一條生路，就是願意被耶穌拯救。因為我們若肯願意被救，好牧人耶穌便會尋著我們，至終把我們救回羊圈來。

上帝給我們許多彰明較著和確實無疑的證據，我們若肯相信這些證據，疑惑便不能在我們心中存在，傷害我們。第一，聖經乃是最確實可靠的一個證據。從歷史、科學、考古學或預言應驗等角度去看聖經的準確和可靠，叫人驚訝不已，再沒有疑惑的可能。

第二，更為重要的證據，乃是聖經與我們實際生命的關係。聖經是聖靈的寶劍，能折服人心，使人知道自己犯了罪。當然，耶穌在世時，熟悉並深深信賴聖經。

還有一個證據，就是人類歷史上獨一無二，最偉大的人物耶穌基督。距今二千五百年前，古代眾先知豫言耶穌出生的時日、地點，母親是童女，出生後立即到埃及國逃命。祂的工作，及至終以三十塊錢被賣，羅馬兵丁抽籤分祂的衣服，祂在十字架上喊叫「我的上帝，我的上帝，為甚麼離棄我」，祂的一根骨頭也沒有被折斷……這一切舊約先知的豫言，全都在這位歷史上的人物耶穌身上應驗了。今天全世界通用的日曆，是以耶穌出生那一年作為時代的分劃點。編者少青年時代，一切刊印書籍所用的年代，大多用「主曆」。例如主曆一千九百三十年版，是指主耶穌誕生後第一千九百三十年出版的書籍。又如說孔子是「主前」五五一年出生，這就是說，孔子是在主耶穌誕生前五百五十一年出生。除了「主曆」，今天我們也用「公曆」、「公元」或「西元」為紀元。辭海孔子條云：「西元前五五一年至西元前四七九年。」「西元」指西方人民所用的日曆。英文今日仍與「主曆」相同，「基督前」（B.C.—Before Christ）或「主後」（A.D.—拉丁文縮寫，主出生之年）。

感謝天父，祂賜給我們上列多個確鑿無疑的證據，叫我們不被疑團所惑。結束本文時，要向讀者提出消除疑惑最有功效的方法，就是立即採取行動，把本文曾經論及信靠上帝的應許等等，付諸實行。這好像讀者在中學時代念化學科的時候，在實驗室中舉行實驗，把食鹽分解，豈不是一定得到氯氣和鈉。耶穌也曾提示採取行動去實地試驗，看看有甚麼結果。且看祂在路加福音第十五章所講浪子的比喻。

我們都記得浪子的父有兩個兒子，浪子是弟弟。他求父親把他應得的產業分給他，他便往遠方去了。他在那裏任意放蕩，浪費貲財，耗盡一切，遇著當地大遭饑荒，就窮苦起來。他得替人放豬，他肚子饑餓，想吃豬所喫的豆莢，也沒得喫。正在窮愁潦倒，走投無路的絕境中，耶穌說這浪子醒悟過來，就說：

「我父親有多少的雇工，口糧有餘，我倒在這裏餓死嗎？我要起來，到我父親那裏去！……於是起來，往他父親那裏去。」

這就是立即採取行，把自己所想的意願，付諸實行。讀者必定知道浪子在採取行動的時候，一點也不知道父親會有甚麼樣的反應。所以他回程的時候，心裏充滿了疑惑，便先準備了一套叫父親息怒的話語。這個一無是處的可憐人，卻有一點可取之處，就是他知道在這絕境中，只有一條可行的生路，就是回到父親那裏去。我們罪人比浪子有幸得多多了，因為我們深知自己若肯回到上帝那裏去，上帝的反應，就像浪子父親的反應，熱烈歡迎我們的歸回。

原來他的父親天天在守候浪子回來。這位愛子心切的爸爸，每天向著回家必經的那條小路上眺望，想到總有一天他的愛子要循著這條小路回來。耶穌說浪子相離還遠，父親果然看見了兒子。且看懷愛倫夫人怎樣形容父子重聚的情景：

浪子因饑餓而虛弱不堪，渾身發抖……他沒有甚麼東西可以拿來遮掩他襤褸的衣衫……在他相離還遠的時候，父親就認出他來了。愛是具有敏捷眼光的，雖然經過罪惡多年的摧殘，也不能從父親的眼中把兒子的形狀隱藏起來。父親就動了慈心，跑去抱著他的頸頭，長久地，緊緊地摟著他。父親不願讓人藐視他兒子狼狽不堪的樣子，便將自己身上那件寬敞貴重的外袍脫下來，裹在兒子瘦弱的身上……父親使他緊緊地貼近自己的身旁，把他帶進家裏……對僕人說：「把那上好的袍子快拿出來給他穿；把戒子戴在他指頭上；把鞋穿在他腳上；把那肥牛犢牽來宰了，我們可以喫喝快樂。因為我這個兒子，是死而復活，失而又得的。」他們就快樂起來。

父親說這一位回頭的浪子是死而復生，失而又得，一點也不錯。親愛的讀者，我們罪人，曾「死」在過犯之中，又「失」落在罪海之上。假如我們肯回到天父那裏去，必定得著祂饒恕的親吻和擁抱。上帝像比喻中的父親，一直在守候等待我們踏足回家的路上。我們絕對不能懷疑祂向我們所存的大愛。當我們採取行動回到祂跟前的時候，便立即得著快樂和平安，也許是我們有生以來首次得著真正快樂的經驗。

疑惑帶給我們懼怕的心。有人計算聖經中提到「不要懼怕」有三百六十五次，足夠作為全年每天一次的好勉勵。讓我們憑著信心來到天父的家裏，享受祂給我們出人意外的平安和快樂，是所祝禱。阿們！

《第四節》
怎樣依靠信心生活下去

我們是生活在罪惡的世界裏，中國傳言說「不如意事常八九，可與人言無二三」，把人間疾苦災禍的生涯形容得淋漓盡致。所以數千年來，聖經強調靠賴堅信上帝的心生活下去，是非常重要的。

十九世紀末二十世紀初有一位十分不平凡的人物出現，就是海倫凱勒女士，是一位舉世聞名的作家和講師。她十九個月時患重病，叫她既眼瞎，又耳聾，不久更成了啞吧。到她七歲那一年，一位盲人學校的教師到她家裏，教導她學會又盲又聾的人用觸覺與人溝通的語語，大大增進她講話的技能。她終於在一所大學攻讀，直至畢業，而且畢業時得了多個榮譽獎狀。在她所著的十多本書裏，有一本命名為：《讓我們有堅固的信心》。她在目盲的黑暗和耳聾的寂靜中認識了上帝，學會了依靠堅信上帝的心度過生活，她說：「對上帝抱著小孩子那樣單純的信靠心，能叫我們克勝從陸地和海洋橫掃而來的一切困難。」

我們在生活中要有甚麼樣的信心，才可以叫我們得著上帝的喜悅呢？這個問題的答案，載在希伯來書十一章六節：

「人沒有信心，就不能得到上帝的喜悅，
因為來到上帝面前的人，必須相信上帝存在，
也相信祂會賞賜一切尋求祂的人。」（當代聖經譯本）

這就是說，單單在腦子裏相信天地間有一位上帝，這絕對不能說是信靠上帝的心，因為使徒雅各說：「魔鬼也信上帝只有一位」。真正的信心，乃是將我們的一生，完完全全地絕對靠賴上帝和祂的應許。希伯來書十一章一節為信心下了一個定義：

「信心是我們所盼望之事的保證，
和未見之事的憑據。」（當代聖經譯本）

論及信靠上帝的心，我們不需要哲學上或神學上的理論，我們卻需要亞伯拉罕立下的榜樣。亞伯拉罕對上帝的應許，滿有信心，更有十足的把握。雖然他向四周圍所見的，全都與上帝的應許相背而馳，他卻能「信上帝，這就算為他的義。」（加拉太書三章六

有人要問，我們可以從誰得著全備的信心呢？使徒保羅說：（希伯來書十二章二節

現代中文譯本）

「我們要注視耶穌，因為祂是我們
信心的創始者和完成者。」

保羅在羅書十章十七節說：（聖經新譯本）

「信心是從所聽的道來的，
所聽的道是藉著基督的話來的。」

親愛的讀者，你想有信心嗎？請多多研讀上帝的話語，因為我們若把聖經存記在心裏，藉著聖靈的幫助，便要得著信靠上帝的心。

第五世紀的教父奧古士丁說：「上帝吩咐我們要遵行某些命令，雖然我們看不出祂的理由，卻憑著信心去遵行出來，這就是真實的信心。但當我們把上帝的吩咐遵行出來之後，就必定看得見祂的理由，並且因為肯憑著信心去遵行祂的吩咐而歡欣。」是的，信心叫我們順從上帝一切的吩咐，為我們帶來無限的福樂。

回顧昔日以色列人離開埃及，逃到紅海岸邊的時候，左右是高山，後面是埃及的追兵，正是在山窮水盡的時候，上帝吩咐他們說：「往前走！」前面就是波濤洶湧的紅海。

他們憑著信心往前走的時候，便在乾地上走過紅海，海水在乾路的左右凝立成為兩堵牆壁。結果，後面追來的埃及軍兵，在紅海深處全軍覆沒。

要知道信心乃是上帝給我們的恩賜，保羅說：

「你們得到拯救，完全是上帝的恩典和你們的信心，
連這信心也不是你們自己有的，是上帝白白賜給你們的。」
（以弗所書二章八節當代聖經譯本）

我們應當好好地運用上帝賜給我們的信心，這可以幫助增加自己的信心。當我們勤讀聖經的時候，信心便可增強。我們更可以祈求上帝增加我們的信心。

自古以來，信徒心中常有一個問題，就是「我怎樣能夠成為一個義人？」使徒保羅有詳盡的解答，他說：

「並且得以在祂裏面，不是有自己因律法而得的義，
乃是有信基督的義，就是因信上帝而來的義。」
（腓立比書三章九節）

這是十分中肯的話。真實的信心是藉著信靠耶穌而得來的。但是信徒怎能證明自己有真實的信心呢？這是一個十分重要的問題。上帝藉著使徒雅各給這個問題作了最透徹的回答，他說：

「虛有其表的人阿，你們不知道沒有實際行動的信心是死的嗎？……信心要有行動才能證明出來。」

雅各書二章廿、廿二節當代聖經譯本

是的，信心必定產生果實，真實的信心必定在行為上表現出來。假如一個自稱信主的丈夫經常虐待妻子，或在錢銀事上不忠實，他就不是一個真實信主的人。

本節的主題是關及怎樣靠著信心生活下去，因為在實際的生活中，有些時候我們看不清楚要走的下一步，是那一條路，我們便得聽候上帝的指示，因為祂絕對不會丟棄我們。試看十九世紀以靠著信心生活舉世聞名的穆勒喬治牧師，他在英國創立了多所孤兒院，收養了二千孤兒。供給他們膳食、住宿和教育的費用，每年需款兩萬六千英鎊（十九世紀時代是一筆極大的款項）。他立定主意不去找人捐助，而單單靠著信心只向上帝祈求供給他的需要。每年世界各地有人捐助經費。有些時候錢已用盡，他還不知道下一頓飯，從何措手。多年以來，孤兒們竟沒有一次挨餓，應急的金錢總是及時趕到。

另一位靠著信心生活的偉人，就是到中國來傳揚耶穌救恩的戴得生牧師，他創立了中國內地會。一天，一位曾經多次聽他講道的富翁聽聞戴得生牧師在英國某城的車站等候開往倫敦的火車，便來找他，要與他同車到倫敦去，好在途中跟他談話。牧師說：「我乘坐的是三等車廂」。富翁說：「我也是」。他們在車程上談得很開心，富翁給他一張支票資助中國內地會的工作。他看看支票，對富翁說：「請你收回這張支票，因為你寫錯了捐款的數目，應當是五英鎊，不是你所寫的五十鎊。」（在當時，五十英鎊是一筆十分巨大的款項）富翁說：「不錯，我原先是要捐給你五鎊，但是上帝感動我寫了五十鎊，請你收下好了。」

當戴得生牧師回到倫敦城內地會總部的時候，一切的職員正在開禱告會。原來他們正要按期匯寄經費給中國內地會，卻缺乏四十九鎊十一先令（每英鎊是二十先令）。所以他們剛在憑著單純的信心祈求上帝幫助他們及時得四十九鎊十一先令。戴得生牧師進來手持一紙五十鎊的支票，出現在他們面前，勸勉他們同心：

「思想耶和華的慈愛。」

（詩篇一百零七篇四十三節）

現在我們要提及信心是我們防禦撒但攻擊最安全不過的盾牌。使徒保羅在以弗所書六章十六節說信心的盾牌可以抵禦魔鬼向信徒發射的一切火箭。使徒約翰說信心使我們勝過了世界。

目今廿一世紀的世界，充滿了叫人恐懼的事物，像恐怖分子的炸彈爆發，國際間組織龐大的黑社會幫派禍害，像愛滋病、癌病等等世界性的疾患，像世界性的禽流感和家畜瘟疫，像史無前例毀損亞非二洲的海嘯，八級九級的地震，或暴動、謀殺、搶劫等等。假如你不幸處身在惶惶不可終日的境遇中，請謹記詩人大衛的金句：（詩篇五十六篇三節聖經新譯本）

「至高者啊！我懼怕的時候，
就要倚靠你。」

在結束本節討論怎樣依靠信心生活下去的時候，我們所知道重要的聖經章節，應當是保羅給他親如自己兒子提摩太的一席心嵌話：（提摩太後書一章十二節）

「我現在飽嘗牢獄之苦，正是為傳這福音，
但我絕不因此感到羞怯，因為我知道所信的是誰，
也深信祂必定保羅守我所信託祂的一切，直到祂回來的那一天。（當代聖經譯本）

早期基督教作家一致認定保羅是為道殉身的，他死在魔君尼羅的手上。但是他信靠上帝的心幫助他忍受一切，叫他至終能以說出：「我離世的時候到了。那美好的仗，我已經打過了，當跑的路，我已經跑盡了，所信的道，我已經守住了。從此以後，有公義的冠冕為我存留，就是按著公義審判的主到了那日要賜給我的」，何等豪壯！（提摩太後書四章六至八節）這真是信心的極致，信心的峰頂。

各國各族各方的人民，曾攀登到信心峰頂的，所在多有，而且其中有不少是我們中國的同胞，很叫我們中國信徒引以為榮。讀者可能還記得清朝末期（一八九九年左右）曾有義和團會黨，以扶清滅洋相號召（西洋人指英美德法諸國），實行反洋暴動，引致八國聯軍攻入北京。當時中國已有信奉耶穌的基督徒，被義和團視之為參加洋教。有一位主教撰文敘述一個中國有為的青年，不肯接受政府委任的崇高職位，因為他要獻身為上帝傳福音。主教問他為甚麼作出這樣的決定，他說：

「當義和團暴動的時候，我是住在一個小鎮上，這鎮有一所中國拜偶像的廟宇。義和團的士兵把大隊的基督信徒帶到廟裏來；示意他們若肯向偶像假神低頭叩拜，棄掉基督教的信仰，便可以生存，不致被斬首處死。我親眼看見一百六十三位基督信徒走過偶像面前，挺身昂首，不肯向偶像低頭叩拜。他們走出廟門外，逐一把頭伏在一條樑木上，讓劊子手用快刀利劍割下來。我父親便是這一百六十三人中的一位。他們至死忠心，信靠耶穌，不屈不撓，叫我大受感動，極端渴望自己也在耶穌基督裏得著新的生命。為此，我必定要向我的同胞宣講耶穌為他們所存著的大愛，和救贖他們的恩惠。」

當然，大多數的讀者們和一般的信徒不會遭遇上述信心的考驗，但是我們每天都會碰到或大或小信心的考驗。所以我們必須靠著信心去過基督徒的日常生活，這是最重要不過的事。使徒彼得說：（彼得前書一章七節）

「你們的信心既被試驗，就比那被火試驗，仍然能壞的金子，更顯寶貴，可以在耶穌基督顯現的時候，得著稱讚、榮耀、尊貴。」

寫到這裏的時候，我有一位主內的好朋友安息主懷。他死前的二十年間臥病在床，痛苦不堪。認識他的人常常這樣想，假如他有美好的健康，他可以為上帝成就大事，但是我知道許多友人來探望他的時候，學會了怎靠著信心生活下去。原來他時刻忍受劇痛，但是他從來沒有發過怨言，他信靠上帝的心，完全沒有動搖。他就像一枝臘燭，在他簡陋的房間裏不住地燃點，照亮許多到來探望他的友人。

願我們都向天父祈求，賜給我們這種真實的信心，叫我們在今世生活下去。當耶穌回來的時候，我們可以與一切「蒙恩召，被選上，有忠心的人」一同站立在祂面前，迎接祂為萬王之王和萬主之主。阿們！阿們！

第五卷

上帝與人間痛苦的關係

編者引言

我有一位教友，在羅馬林達大學宗教系統選讀一個科目，科目的名字是「上帝與人間痛苦的關係」。這位教友把課本、講義、筆記全給我參考，作為第五卷的內容。所以這卷書的講論，是綜合好幾位著者和神學家而得，深望讀者能得一些幫助，是祝是禱。

《第一節》

人間的痛苦

一個人從出生「呱呱墜地」到「嗚呼哀哉」之間的生、老（假如能活到老年）、病、死，隨時都有感受痛苦的可能。記得數年前，我在一所教堂證道，鼓勵聽眾在生活上抱持熱烈的心情事奉上帝。有一位中年婦人來見我，對我說：「我已經失去了事奉上帝的熱情，更失去了人生的樂趣。我現在精神沮喪，做甚麼也提不起勁。我從前常參加長途賽跑，現在絕對沒有這種興趣。我從前熱愛崇拜聚會，現在卻極不容易聚精會神聽牧師證道。讀經和禱告也是勉為其難，例行公事而已。總而言之，我好像是過著一種半生半死的人生。」

我們談了好些時候。原來在過往的四年間，她的痛苦有增無減。十年前她結婚的時候，已經三十多歲，她渴望能夠生兒養女，做一位快樂的母親。婚後三年間，醫師發現她不能生育，叫她和她的丈夫大為失望。怎知過了不久，她竟懷了孕，她感覺這實在是個神蹟，驚喜交集。九個月間，一切都向正常的方面發展。怎知胎兒出生的時候，臍帶把胎兒的頸項纏住，叫他窒息而死。這便令她的人生中，開始了四年痛苦的歲月，充滿了「為甚麼」的年日。為甚麼上帝行神蹟叫我有喜？為甚麼上帝讓嬰兒離開人間？為甚麼上帝在這四年間不再給我一個孩子?

兩年前，她和丈夫跟教會（並非基督復臨安息日會）裏的聖經教員談論這事。教員本著該教會的信仰說：「人生不論或順或逆的遭遇，都是上帝所預定的，祂在一切事上都有美善的用意。賞賜的是上帝，收回的也是上帝，所以你必須信靠上帝。還有，上帝要你們學一個教訓，到你們學了這個教訓，祂也許會給你們另一個小孩。但也許祂根本不要你們再有小孩。」

她聽了聖經教員這一番話，信以為真。可是這位教員對上帝錯誤的觀念，叫她與上帝的關係日漸生疏，這便使她的情緒低落，跌進谷底，極為憂鬱。我問她說：「妳能相信上帝給你一個胎兒又要把他殺死嗎?」她說：「我想是的。」我再問她：「妳想一位仁愛為懷的天父，會這樣做嗎?妳想耶穌會這樣做嗎?」她聽了這個問題之後，恍如從夢中驚醒，想不到我會這樣問她。

我繼續說：「妳能相信上帝為要叫父母們學個教訓，便殺死許許多多的嬰孩嗎?妳能相信妳還沒有學個教訓，上帝便不再給你一個孩子嗎?還有，妳能相信上帝竟不告訴妳要學的教訓是甚麼教訓嗎?」

她說：「我知道我們不應當惱恨上帝。這事卻果真叫我惱恨祂。我也不敢明言我惱恨祂，免得祂有藉口阻攔我再得著小孩。但是那些吸毒毫不愛上帝十多歲的大女孩子還沒有正式結婚卻有多個私生子女，而我一直熱愛上帝，卻因著還要學個教訓，便沒有兒女，真正豈有此理！」

我等了一會兒，待她的怒氣過去了，對她說：「妳對上帝存有這麼錯誤的觀念，怪不得你與上帝日漸疏遠，不能像四年那樣熱愛祂。妳以為祂殺死妳的胎兒，在妳學到了教訓之前叫妳不能生養兒女，更不告訴妳要學的是甚麼教訓。這絕對不是耶穌所彰顯上帝的作為。耶穌醫治千萬人的疾病，卻從來沒有說這是從上帝而來的痛苦。耶穌十分盡力解救世人的痛苦，上帝對我們也就是這樣的心懷意念。」

「聽君一席話」，她的怒氣立時消散，滿眶眼淚地說：「原來上帝沒有殺死我的胎兒，祂也沒有叫我不能生兒養女，我可以重新熱愛上帝了！」

《第二節》

我們處逆境便責怪上帝，合理不合理？

在基督教的歷史中，有一件最可遺憾的事，就是幾位著名的神學家，同走一條極端的路線，叫信徒對上帝存有極錯誤的觀念。第四世紀的教父奧古士丁說：「人間一切的事情全是上所主使和命定的。假如父母所寵愛兒女死去，這是因為上帝懲罰父母或兒女的罪過。凡事都有一個致令的源頭，這源頭就是上帝。」

十六世紀改正教的一位領袖喀爾文，他大力倡導預定論，企圖要證明上帝是全能和無所不能的神，他說：「設若有一個人被盜賊搶劫，或被獅虎咬傷，一般人以為是那人的命運，其實這一切痛苦全是在上帝的『祕密計畫』中所預定的。」有些學者稱這「祕密計畫」為上帝的「藍圖」（辭海藍圖條說是行事的計畫）。

上述喀爾文是改正教的領袖，今日大多數的基督教派是從改正教出來的，所以他們或多或少染有預定論對上帝錯誤的觀念。我認識一位母親，不久前她年幼的兒子被一個醉漢駕車撞死。她教會（不是基督復臨安息日會）裏的信徒安慰她說：「上帝在妳兒子的死亡事上，必定有祂的旨意和理由，祂是主管一切的主宰。」（請讀者想想：這無法無天的醉漢是替上帝執行祂的旨意嗎？又還有誰要敬奉這樣的神？）

在另外的一個教會裏，一位婦人多年忍受精神失常的痛苦，其後醫師又查出她患上嚴重致命的惡疾。她教會裏的朋友安慰她，說：「雖然我們不能明白上帝在妳身上的行事，但是祂所做的一切事，盡是純全和美好的。」她聽了大惑不解，問我說：「上帝叫我受這許多痛苦，能有甚麼善美的目的呢？」

我在日報第一頁讀了一則新聞，一位母親殺死了她的五個兒女。父親在喪禮中滿懷悲傷述說五個兒女的可愛，然後他說：「賞賜的是上帝，收回的也是上帝。上帝給我這五個可愛的兒女，時間十分短促，祂便把他們收回了。」（請讀者想想：這位忍心的母親是替上帝執行祂的旨意嗎？）

為甚麼預定論犯這麼嚴重的錯誤，原因十分簡單，因為它違反了聖經的真理。按照聖經開宗明義第一卷——創世記的記載，上帝創造了亞當和夏娃，把人類的始祖父母安置在無罪的樂園裏，度絕無痛苦的生活。假如預定論說上帝預定人類在無罪中過無痛苦的生活，那才是正確的預定論，因為上帝在樂園吩咐亞當不要喫分別善惡樹上的果子，說：「因為你喫的日子必死」，死是人間最大的痛苦。

可惜他們竟喫了，各種痛苦便臨到人間，試看只過了短短的幾年，便發生了人類歷史中第一樁兇殺，該隱殺死了弟弟亞伯。對亞當和夏娃來說，這是最痛苦不過的悽慘事。可見人間痛苦的來源乃是罪。聖經在約伯記更進一步指出魔鬼乃是人間痛苦的禍首（見約伯記一、二章）。他叫這位大富翁約伯的家產蕩然無存，殺死約伯的七個兒子和三個女兒，更叫約伯從腳掌到頭頂，長滿毒瘡，使約伯「極其痛苦」。

我們在這個罪惡的世界遭受痛苦，是不能倖免的。耶穌給門徒臨別贈言說了一句話：「你們在世上會遭受苦難」，連我們信靠和熱愛耶穌的信徒，也免不了要罹受痛苦。本節的題目是「我們受痛苦便責怪上帝，合理不合理？」依照上引創世記和約伯記的史實，讀者必容易作個答案，是不合理的。這正與懷愛倫夫人所說的不謀而合，她說上帝不主使人要受痛苦，所以人不應該責怪上帝。

下一節我們要討論人間痛苦的意義，和怎樣克勝痛苦的遭遇。

《第三節》

怎樣克勝人生的痛苦？

（本文的作者是羅馬林達大學宗教系教授——編者按）

在人生的各個階段中，都有遭受痛苦的可能，但是年紀衰老的時候，是可能性最大的階段。當痛苦來臨的時候，我們自然而然地要在宗教裏找尋答案，可惜各個宗教的答案不盡相同。我們須知道，宗教所著重的，不是推究痛苦的來由，而是怎樣幫遭受痛苦的人。例如在耶穌的生平中，有兩次祂大可以解釋為甚麼世人要受痛苦，為甚麼有些人要遭受，有些人卻能倖免（見約翰福音九章一至三節生來瞎眼的人，和路加福音十三章一至五節彼拉多殺害某些加利利人）。但是每一次耶穌都沒有解釋為甚麼世人要受痛苦，為甚麼有些人忍受而別人得倖免。在這兩次的言論中，耶穌乃是說，明白痛苦的來由和原因並不是最重要，而最重要的，卻是我們怎樣去克勝臨到我們身上的痛苦。

實際上來說，在忍受痛苦的時候，可能有兩種不同的反應：（一）許多人在痛苦中轉向上帝，與祂親近，跟祂相交。（二）有些人卻埋怨上帝，甚至懷疑或否認上帝的存在（人間痛苦是無神論立足的磐石）。有這種反應的人通常發出幾個問題：假如上帝是全能的神，為甚麼人間有痛苦？為甚麼上帝不解除我這難以忍受的痛苦？為甚麼上帝偏偏要我受苦？

●透過耶穌的十字架看人間的痛苦

以基督信徒的立場來說，耶穌被釘死在十字架上和祂的復活對我們所忍受的痛苦，有多項重大的幫助，於此將之分列如下：

（一）四本福音的記載，指出耶穌在快要忍受十字架痛苦的時候，心情十分戰慄惶恐，「憂傷得幾乎要死」。祂懇求天父把這隻苦杯挪走。當祂忍受十字架痛苦的時候，祂哀聲說：「我的上帝阿，你為甚麼離棄我？」這話顯出祂的痛苦已到達極度沉重的境地。耶穌親嘗人間最大的痛苦，是以祂能體恤我們任何的痛苦。

（二）三日後，耶穌復活過來，得勝了魔鬼和死亡的權勢。照樣，我們的痛苦過去後，便有永遠幸福的生命。

（三）耶穌的十字架指明今世的痛苦是不能倖免的。耶穌遭受痛苦，我們也會遭受痛苦。

（四）耶穌的十字架說明我們不是獨自個兒受痛苦，祂是與我們同受苦害。不管前途是多麼黑暗，祂必與我們同在。不論是肉身的疼痛，或是與家人友人分離，喪失錢財，名譽受損，祂已嘗盡一切，祂能同情我們。

（五）不錯，十字架指明我們今世會遭邁苦難，但是耶穌的復活，證明痛苦不過是暫時的，痛苦必有永久過去的一日。

（六）十字架和復活是不可分離或單獨存在的兩件事。沒有復活，十字架只不過是一幕以邪勝正的悲劇。有了復活，十字架轉變成了絕大的勝利。照樣，十字架有了復活，二者相得益彰，善美愈顯。十字架證明上帝為解決罪的問題，不肯選擇不費分文的捷徑，卻付出最大的代價——祂獨生兒子的性命——去贖取我們。為此，上帝要親自帶領我們經過痛苦，像詩人大衛的金句所說：「我雖然行過死蔭的幽谷……你與我同在，你的杖，你的竿，都安慰我。」所以耶穌有祂的十字架，我們各人也有自己的十字架。

早期基督教的傳說中，有這樣的一段記載：羅馬政府在羅馬城大力逼害基督徒，他們便紛紛逃離到城外各處。當彼得出離羅馬城的時候，在城外路上遇見耶穌向城裏走。他說：「主阿，你要到那裏去？」耶穌回答說：「我要進羅馬城，在那裏再一次被釘十字架。」彼得聞言，知道自己不應該逃走，便轉身和耶穌同行進城。

●對人生痛苦的正確認識

忍受人生痛苦的信徒，對痛苦應當有正確的認識，才可以穩操勝算。茲作簡明的論列，有如下述：

（一）一個信徒過著合理的基督徒生活，凡事有節制，毫不放縱，當遭遇痛苦（如投資破財、罹患癌症等）的時候，會自然而然地說：「這真是不合理，我不應當有這樣的遭遇」，他這種感覺是正對的。所以我們不應當對他說：「比較起別人的遭遇，你的痛苦一點也不算大」；也不要說：「你有受苦的需要，這會叫你得著幫助」；更不要說：「你這種痛苦，是罪有應得的懲罰」。總結來說，痛苦不是好事，上帝沒有預定我們受痛苦。

（二）我家有一位朋友，她第二個嬰孩出生後那一天，醫生發現她的卵巢患癌。她正在惶恐的時候，朋友來安慰她，說：「上帝是要試驗妳」，「上帝選擇了妳叫妳負起特別的使命」，「上帝是要為妳行一個神蹟醫治妳」。這些錯誤卻是本著善意的話，不但沒有減輕她的痛苦，反而叫她更加煩惱。

（三）如果有人能從忍受痛苦而得著一些益處，痛苦的本身仍然不是一件好事，它仍舊是一件壞事。

（四）人若不幸遭遇痛苦，應當無畏地面對痛苦，艱辛地生活下去。一位寫作教會歷史的信徒，度過了三十年的美滿家庭生活，他的妻子便不幸死於癌症。在她去世前的多個月中，每晚半夜都得服藥。他們兩人便在半夜開口誦讀詩篇，從第一篇開始，每晚讀一篇，妻子讀單數，他自己讀雙數。（為在痛苦中的人，詩篇充滿了安慰的話，能探討及撫慰人間最慘痛的遭遇）。

有一天，她整天忍受劇痛，這叫他的心靈創傷之極。那天夜半，他應當要讀詩篇第八十八篇，但是他略過這篇詩而讀第九十篇。她說：「你為甚麼略過第八十八篇？」他說：「妳今天忍受劇痛，我知道妳受不住這篇詩悽惻的話語。我也知道我自己一定忍受不住，所以我略過不讀。」她說：「請你把這篇詩讀給我聽。」他說：「好，我讀給妳聽：『耶和華拯救我的上帝阿，……我整夜在你面前呼救。許許多多的災難臨到我，使我面臨死亡。……你把我扔在深坑裏，在又深沉又黑暗的地方。』」（現代中文譯本）她聽了說：「謝謝你，我最需要的，就是這種能幫助我面對痛苦的話語。」他說：「我千萬想不到讀了聖經的話語，我們在夜半的時候，更是在她劇痛的時分，竟然覺察上帝就在醫院病床這裏與我們同在，祂的臨格在我們四周，叫我們感覺到出乎意料之外的溫暖」。

（五）人生中的痛苦是真真實實的痛苦，我們要把它認作是人生的一部分。西方人民遭遇痛苦時，常常要把不幸的事故「放在背後」，或「置之腦後」，把它忘記掉。但是在事實上，這些悲慘的景象，就算是過了幾十年，仍舊歷歷在目，彷如是昨天發生的事。所以有一位哲學家說：「我的慘禍是我人生的一部分，所以在作自我介紹的時候，我告訴人，我是哲學家，就是被醉漢駕車殺害了的六歲孩子的父親。」這可以說是面對痛苦的一個好方法。

（六）雖然痛苦是人生的一部分，我們必須謹記一項真理：痛苦只不過是人生的一部分，也許只是一小部分。所以我們不能讓任何痛苦支配或管制我們的整個人生。我們應當盡力去過正常的生活。

（七）我們更絕對不能任讓慘禍摧毀我們的人生。不幸邁遇痛苦的人，仍然有他們的尊嚴。我們必須凌駕於慘禍之上。

（八）我們若切實相信上帝在我們的不幸中，與我們一同忍受，這會幫助我們凌駕一切的痛苦。原來耶穌在十字架上所宣示的，就是祂不但只是「為著」我們受苦，祂更是「與」我們一同受苦。使徒保羅深明此理，在羅馬書第八章他提出許多痛苦，卻說這些痛苦不能叫我與上帝的愛隔絕。

細心一再嘴嚼詩人大衛的金句：「我雖然行過死蔭的幽谷，也不怕遭害，因為你與我同在。」從前，我一直以為自己受苦的時候，上帝是遠遠在前頭等著我從患難中出來，便立即幫助我。換句話說，我在罹難受痛苦的時候，是獨自個兒受苦，暫時與上帝的愛隔絕了。保羅的話把我的錯誤糾正過來。

（九）上帝要與我們一同忍受痛苦，這是十分安慰信徒的應許。耶穌說：「在世上你們有苦難。但是你們可以放心，我已經勝了世界」，這也是十分安慰信徒的應許。因為耶穌已經勝過了世界，有一天，這苦難要永遠被消除。這是再好不過的盼望。

（十）信徒在忍受苦難的時候，可以有甚麼樣積極的基督化的表現。我的伯父死前的四年間，患上了一種神經退化的癱瘓病，神志雖然清醒，卻長久臥床，不能走動，我的伯娘日夜照顧他。縣政府每天派護士來幫助他。他雖然在忍受痛苦，卻處處表現出基督信徒的忍耐、溫柔和良善的性情。他對上帝有絕對的信心。他死後不久，一位護士被他的表現感動，歸信了耶穌，接受祂為救主。

怎樣克勝人生的痛苦？這是本節的題目。基督徒有最美最善克勝人生痛苦的祕訣，我們要為此感謝上帝。阿們！

《第四節》

人間痛苦的兩種經驗

（本文作者是安德烈大學心理學教授——編者按）

我在大學趁放假之便，步行一段較短的路程回家，忽然風雲變色，雨雪交加，上帝打發天使以人形出現，駕車載我回家。又有一次，天使阻止對面醉漢駕車向我衝駛，救了我的性命。

我自幼在基督復臨安息日會的家庭長大，對耶穌關懷祂子民的故事，耳熟能詳，諸如紅海變成乾地讓以色列人平安渡過，卻叫法老王全軍覆沒。又如年輕的牧人大衛用投石機把石子扔去殺死敵酋哥利亞。還有甚麼神話能比但以理在獅子坑中，或他三個年輕朋友在火窯中得著上帝施行神蹟拯救更能引人入勝呢？

聆聽教會領袖的證道，時常聽到他們見證上帝怎樣用神蹟幫助他們得著念大學的費用，或得到理想的終生伴侶，我只把兩件最奇特的事件與讀者分享：

（一）一所本會大學校長的經驗：他在山區彎曲的公路上駕車回家時，好像聽聞一個聲音說：「慢下來」，他立時慢下來，便不致於被碰撞，甚至死亡。這是上帝的天使救他脫離了危險，得以生存。

（二）一位國外佈道士的經驗：他在南美洲的祕魯國大森林裏迷了路，十天之久找不到有人跡處。正在窮途絕路的時候，忽而聽聞牛叫一聲，他知道牛鳴之處，便是有人煙的地方。剛好那天正是安息日，村人都在教堂聚會，而且全村人都是本會的教友，因此他得到了指引，平平安安地回到自己的家中。

上述二則，都是喜劇性的經驗，感謝主。本節還要討論另一種經驗，就是上帝沒有及時救助，也沒有施行神蹟的經驗。我們且先從我們對時間的錯誤觀念說起。從小童安息日學的課本去看，在上帝創造世界之後，好像只過了幾年，挪亞便建造方舟；洪水過後不到幾年，摩西便出生。事實上，聖經把人類近五千年的歷史作個縮影的記載，怪不得我們以為上帝接二連三，無時不停地施行神蹟。讀者若仔細分析創世記第五章從亞當到挪亞九代先祖的年歲（人人都活到九百歲以上，除了瑪勒列只活了八百九十五歲），在悠長的二千一百年間，只有兩次神蹟的出現，就是以諾被接升天和洪水氾濫世界。所以亞當犯罪之後活了九百多年，依照聖經的記載，他沒有看見一件神蹟的出現。

當然，耶穌來到世間的時候，行了許許多多的神蹟。我們卻要知道，四福音的作者，也像歷史家，只記載一切所發生的事。原來耶穌和門徒也像我們一樣，每天都得洗臉梳頭，購買食物，洗滌衣裳，喫飯喝水，做日常生活的細務，婚喪喜慶，休息睡眠，在在都需時間。所以耶穌絕沒有日夜不停地施行神蹟，祂也沒有醫治祂所看見的一切病人。

在畢士大池的時候，五個廊子裏躺滿眼瞎的、瘸腿的、癱瘓的和許多患其他病症的，祂只醫治了一個病了三十八年的人，便得躲開到別處去了。

本節開始時曾提及聖經時代及近代信徒遭遇苦難的時候，上帝施行神蹟救助，都是喜劇性的結局，感謝主！但是讀者也一定知道，聖經時代和近代忠心的信徒得到悲劇性收場的，不為少數。懷愛倫夫人說先知以利沙（他死後，有人把一個屍體拋進他的墳墓，碰著他的骸骨，那死人便立時復活）患上了長時期的疾病，然後才死去。新約時代第一個為道殉身的，是施洗約翰，當然耶穌為全人類被釘死在十字架上。之後，司提反被石頭打死，希律王用刀殺了約翰的哥哥雅各，使徒保羅兩次在羅馬城被監禁，結果被暴君尼羅王斬首。使徒彼得被倒釘十字架（腳在上，頭在下）而殉身。使徒約翰被放逐到地中海的拔摩孤島上。

近代科學昌明，有了汽車，信徒被醉酒駕車或貨車撞死，被大雪凍死，或在森林中迷途而餓死，也是真有其事的。下一節我們要探討為甚麼神蹟是那麼稀少罕見？為甚麼過多的神蹟會招致不良的果效？

《第五節》

神蹟奇事

（本文將兩位羅馬林達大學宗教系教授的著述合編而成——編者按）

我認識一位虔誠愛主的醫師，他是一所醫學院的系主任，我問他說：「在你多年行醫和教學的經驗中，你有看見過上帝行神蹟醫治病人沒有？」他想了好一會兒，說：「沒有，但是我的父親行醫到九十歲，他看見過一次，也只是一次。」

神蹟是稀有和罕見的。有人會說：「我在電視常常看見在廣場有人行神蹟醫治千百病人。」假如這人熟悉大規模神蹟治病的真相和它的內幕，便知道這些所謂神蹟，有許多並不是真正的神蹟，而是主持人利用心理學叫病人暫時分泌出大量的腎上素，使之立時精神亢奮，在感覺上疾病是痊癒了，但是等不多時，病情便回復原狀。我們更當謹慎，因為保羅警告信徒說，有人要「照撒但的運作，行各樣的異能神蹟，和一切虛假的奇事。」（帖撒羅尼迦後書二章九節）

在聖經的歷史中，除了以色列人出埃及或舊約神權時代，和耶穌在世之時有較多神蹟之外，神蹟實在是稀有和罕見的。讀者想必同意下面的說明：神蹟雖然是稀有的，卻仍然是「有」的，雖然是罕見的，卻仍然有「見」的可能。耶穌在馬可福音第十六章對門徒的臨別贈言說在福音傳給萬民的時候，會有神蹟隨著信主的人。所以我們若看見真真實實的神蹟，不要以為是不可置信的。

為甚麼上帝從古到今，沒有廣行太多的神蹟呢？原來上帝明白對於帶罪的人性，神蹟可能產生不良的後果，且摘舉數事列出如後：

（一）推卸自身的責任：古代有些所謂「聖人」的信徒，不肯洗澡（或因某些地區須費許多氣力才得用水），希望上帝用神蹟叫他們潔淨。醫師們也許知道有些信徒不肯運動，或不願忍受治療過程中的苦楚，卻求上帝為他們行個神蹟。

（二）放縱私慾：有人任性喝酒、或吸菸，卻期望上帝治癒他們的肝癌或肺癌。

（三）叫信徒一味追求使人驚駭訝詫的奇事，就如在會眾崇拜時，舉行神蹟治病。這有點兒像癮君子吸毒，得著短暫極度的興奮，至終精神耗盡，筋疲力竭，對靈性一無是處。

（四）不合實際地期望神蹟出現：一位兒童讀了一個故事，說某人失去了一支心愛的鋼筆，禱告後果然神蹟出現，得回鋼筆。其後某一天，這兒童失去了一件心愛的玩具，便為尋回玩具禱告，滿心期望神蹟出現，可是神蹟卻沒有出現，叫他大失所望，嚴重地損害了他信靠上帝的心。信徒若事無大小，奢望有神蹟為他們解決，對靈性會有極大的損害。

（五）在宗教歷史上常見自稱行神蹟奇事的宗教騙子，到處欺詐目不識丁，窮苦和患病的人，遊說他們若肯慷慨捐輸，上帝必要大大報賞他們。這種舞弊圖利的勾當，無日無之。

（六）前述這種人口頭上說他們得著上帝的能力施行神蹟，實際上卻使群眾把他們當作英雄那樣崇拜，甚至向他們敬拜。

（七）上帝切切要世人知道故意犯罪必然招致可怕的後果，所以上帝不多行神蹟，不消除犯罪的後果。

（八）太多的神蹟，可能叫人忽視上帝在我們日常生活中所賜予許許多多的福氣，就如心臟正常的跳動，家庭的溫暖，小孩的笑聲，鳥語花香，美麗的陽光，以致夜來風雨聲，或身體某處的傷口漸漸癒合等等，神學家稱之為「常見的恩惠」。

（九）太多的神蹟，叫我們過度感覺上帝有威可畏，對祂生出敬而遠之的態度。聖經多次提及上帝渴望得著人的友情，正如耶穌復活後，在走往以馬忤斯的路上與那兩個門徒親切談話，卻隱藏著祂復活後的威榮，免得他們驚駭，引致疏離。

（十）罪人很容易存著以獲得神蹟護佑為動機去事奉上帝。（見約伯記一章九至十一節）

●信徒對神蹟應有的正確觀念

下列論述是依照聖經的啟示，說明信徒對神蹟應當有的正確觀念：

（一）神蹟的定義：神蹟是上帝施用超自然的神能行事，就如同治癒病人嚴重的病害——瞎子立時看見，癱子拔足行走，痲瘋人腐爛的皮膚立時變成像嬰孩嫩滑可愛的皮膚。

（二）雖然自古以來，上帝沒有施行很多的神蹟，但是祂照著祂的旨意，到今時今日仍有施行神蹟的可能。

（三）耶穌所行的神蹟，說明上帝不喜歡世人受苦，卻要在有限的範圍內解除世人的痛苦，就如每天賜給我們抵抗病菌的能力，或從疾病中漸漸痊癒和復元的能力。

（四）上帝若沒有施行神蹟，這並不是證明祈求神蹟的人，或教會裏面代求的信徒有罪過，也不是證明祈求的人信心不足。

●信徒祈求神蹟的正確態度

有些信徒在發現患上嚴重的疾病，又或陷在危難之中，正是向上帝祈求為他們施行神蹟的時候，應當抱著甚麼樣的態度呢？

（一）我們生活在罪惡的世界上，苦難乃是生命的一部分，是不能完全避免的。

（二）我們面臨頑疾或危機的時候，應當向上帝呼求救助，「希望」祂為我們施行神蹟。（辭海對「希望」、「期望」、「願望」和「盼望」的解釋，都是人心中所想望要得著的，全是正確的態度。「奢望」卻是過分的希望，近於強求上帝施行神蹟，乃是不正確的態度——編者按）

（三）我們既然知道上帝在任何時代（連聖經時代在內）不施行太多的神蹟，我們便不要堅持不讓或固執不移地強求祂為我們施神蹟。

（四）當我們懇切祈求上帝為我們施行神蹟的時候，要效學耶穌的榜樣，說：「上帝阿，不要成就我的意思，只要成就你的意思……願你的旨意成全。」

（五）我們千萬不要把上帝答允為我們施行神蹟，作為繼續敬愛祂和效忠祂的條件。

（六）在我們忍受痛苦的時候，聖經裏面記載的神蹟向我們保證將來在上帝的天家裏，再沒有今日人間的任何痛苦。這叫我們大得安慰。

（七）人生七十古來稀，讀者若已到達古稀之年，也許會知道身體老了，毛髮日益衰，血氣日益微虛。讀者讀到這裏的時候，編者已快是八旬老翁，體力大不如前，日夜都必須服藥。但是我還有十分感謝上帝恩惠的理由，因為我仍在享受有限度的健康，可以推動笨重的機器，剪除住宅前園後圃的草坪，每日步行一小時，胃口甚佳，睡眠甜熟。有些神學家說這都是上帝在世人日常生活中所顯出來部分的神蹟。

希望本節的討論，能給一些需要上帝施行神蹟的信眾帶來一點點的慰藉與幫助，有厚望焉。

國家圖書館出版品預行編目資料

靈修開卷有益集 / 何漢從著；-- 再版.-- 臺北市
：時兆, 2011.08
面；　　公分
譯自：Sons and daughters God
ISBN 978-986-6314-14-8(平裝)

1. 基督徒　2. 靈修

244.93　　100015097

靈修開卷有益集

Devotional Reading Enriches The Mind

作　　者　何漢從

董 事 長　伍國豪
發 行 人　周英弼
出 版 者　時兆出版社
客服專線　0800-777-798
電　　話　886-2-27726420
傳　　真　886-2-27401448
地　　址　台灣台北市105松山區八德路2段410巷5弄1號2樓
網　　址　http://www.stpa.org
電　　郵　stpa@ms22.hinet.net

文字校對　陳宜君
封面設計　時兆設計中心
美術編輯　時兆設計中心
法律顧問　統領法律事務所
電　　話　886-2-23212161

書　　店
總 經 銷　聯合發行股份有限公司
電　　話　886-2-29178022
傳　　真　886-2-29156275
地　　址　台灣新北市新店區寶橋路235巷6弄6號4樓

基督教書
房總經銷　恩膏國際文化事業有限公司
電　　話　886-2-82422081
地　　址　台灣新北市中和區安邦街11號

I S B N　978-986-6314-14-8
定　　價　新台幣180元　美金8元
日　　期　2011年8月　再版一刷